Religion
Rationnelle
et Laïque

LA RELIGION DU XXᵉ SIÈCLE

PAR

Louis-Germain LÉVY

Dᵣ ᴇꜱ ʟᴇᴛᴛʀᴇꜱ

RABBIN DE L'UNION LIBÉRALE ISRAÉLITE

Troisième édition corrigée et augmentée

PARIS

LIBRAIRIE CRITIQUE

ÉMILE NOURRY

14, rue Notre-Dame-de-Lorette, 14

1908

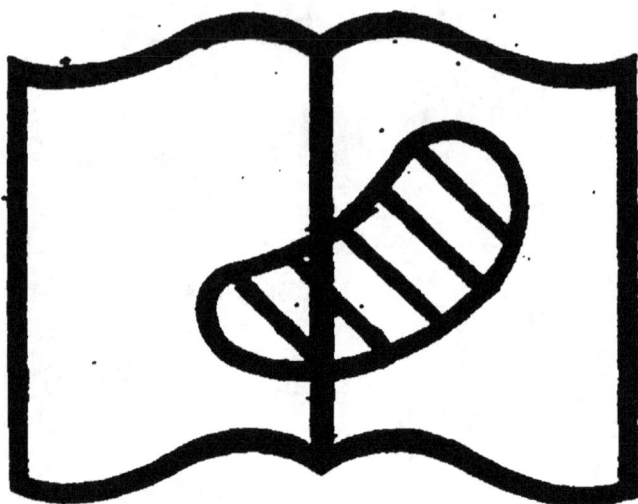

Illisibilité partielle

VALABLE POUR TOUT OU PARTIE DU
DOCUMENT REPRODUIT

Librairie E. NOURRY, 14, rue Notre-Dame-de-Lorette, PA.

BIBLIOTHÈQUE DE CRITIQUE RELIGIEUS

à 1 fr. 25 et 2 fr. 50

IMP. RENAUDIE, 13, RUE DE SÈVRES. — PARIS.

UNE RELIGION

RATIONNELLE ET LAIQUE

Louis-Germain LÉVY

Docteur ès lettres

Rabbin de l'Union Libérale Israélite

UNE RELIGION

RATIONNELLE & LAÏQUE

La Religion du XXe Siècle

« La religion du xxe siècle naîtra de la fusion
du prophétisme et de la science. »

(J. Darmesteter.)

TROISIÈME ÉDITION CORRIGÉE ET AUGMENTÉE

PARIS

LIBRAIRIE CRITIQUE

EMILE NOURRY

14, rue Notre-Dame-de-Lorette, 14

1908

I

La Religion devant la Science

La Religion devant la Science

O Dieu, où te trouverai-je ?
L'infini te dérobe à notre vue,
O Dieu, où ne te trouverai-je point ?
Ta gloire éclate en toutes choses.

(JUDA HALÉVI.)

Und ob alles in ewigem Wechsel kreist,
Es beharret im Wechseleinruhiger Geist.

(SCHILLER).

On ne détruit pas la religion, et la
question est seulement de savoir laquelle on aura. La solution est dans
une religion libre, de libre choix et
de libre adhésion.

(AMIEL.)

Depuis quelque temps la religion semble en
mauvaise posture. A tous les coins de rue, des
hérauts affairés et entendus se démènent en
beaux gestes pour proclamer l'irrémédiable dé-

chéance de toute espèce de doctrine religieuse.
Chez certains, cela prend les proportions d'une
véritable théophobie. La religion, nous dé-
clare-t-on, n'est plus de notre âge, la science
et la morale se suffisent et nous suffisent.

Nous ne contestons pas que jusqu'à un certain point cette méfiance ne soit justifiée. Beaucoup de religions ont un passé tristement char-
gé et contiennent des croyances et des rites
que repoussent la raison mieux avertie et la
conscience plus éclairée. Mais de là à conclure
que la religion, en général, est un point de vue
dépassé, une expression historique, qu'elle doit
être effacée de la carte psychologique, morale
et sociale de l'humanité, il y a loin. Ce n'est
pas une raison, parce que des erreurs se sont
mêlées aux doctrines, pour jeter sans plus am-
ple cérémonie la religion par-dessus bord. La
question qui se pose est celle-ci : *Toute forme
de religion est-elle incompatible avec les don-
nées de la pensée moderne ?*

En second lieu, nous voulons bien reconnaître qu'on peut « se passer » de religion et
qu'on peut être un honnête homme, brave père
de famille et bon citoyen, tout en n'offrant
pas ses hommages à un principe souverain

du monde. Mais on peut se passer de beaucoup de choses : d'arts, de lettres, de sciences,
on peut se passer de lire et d'écrire; en ri-
gueur on peut se passer de tout ce qui n'est pas
fonction physiologique pour la conservation de
l'être. Aussi bien la question n'est-elle pas
de savoir si l'on peut « se passer » de religion,
la question doit se poser ainsi : *La teneur et
la destination humaines sont-elles totalement
remplies par la science et la morale, la religion n'ajoute-t-elle rien de propre au contenu
humain, n'a-t-elle pas une valeur originale, en
sorte qu'elle procure des émotions qu'il serait
regrettable que l'homme n'éprouvât point ?*

Nous n'admettons pas plus la faillite de la
science que la banqueroute de la religion.
Deux objets nous sont également chers : la
recherche de la vérité et l'enthousiasme moral.
Avec Vinet nous disons : « Il y a une conscience du vrai comme il y a une conscience
du bien, et l'une est aussi inviolable que l'autre. » La recherche du vrai, nous la voulons
pleinement sincère; la culture morale, nous
la voulons la plus haute et la plus intense
possible. Ces deux poursuites, loin de s'exclure

ou même de s'opposer, se complètent, et, maintenues dans leurs cadres propres, se soutiennent et se fortifient. Parler d'un divorce entre la science et la religion, c'est dissocier la personne humaine ; sacrifier l'une à l'autre, c'est mutiler notre âme : raison, volonté, cœur, imagination, chacune de ces facultés, c'est-à-dire l'esprit dans son intégralité, vit, veut vivre, a droit à la vie. C'est commettre un suicide partiel que de négliger de satisfaire une seule de nos aspirations légitimes. La vie doit être la plus pleine, la plus profonde, la plus riche, la plus vibrante, la plus féconde possible. La vie en tant que telle est le critérium à la fois du vrai et du bien ; le mal aussi bien intellectuel que moral est privation, négation, mort : erreur et égoïsme sont tous deux diminution de vie ; à la limite, ils sont zéro de vie. « Les méchants, dit le Talmud, durant leur vie déjà peuvent être considérés comme morts » (*Berakoth*, 18 ; cf. *Ps.*, XXXIV, 22 : « Le méchant périt de sa méchanceté »).

Beaucoup statuent une incompatibilité essentielle entre la science et la religion. Leur opinion tient à ce qu'ils s'exagèrent les pouvoirs de la science ou bien à ce qu'ils n'envisagent la religion qu'à travers telles doctrines religieuses particulières. Il est évident que si l'on fait dire à la science ce qu'elle ne dit point et ce qu'elle ne peut pas dire, que si une religion maintient des affirmations ruinées par une connaissance mieux informée ou rejetée par une conscience plus raffinée, l'accord ne saurait s'établir. Une autre position demeure possible, celle qui consiste à faire leur part légitime à la science et à la religion, celle qui reconnaît à la science tous *ses* droits — quoique non tous *les* droits — celle qui demande à la religion d'harmoniser son contenu avec les justes exigences de la raison théorique et pratique. D'une part, l'on n'est pleinement sincère dans la recherche du vrai qu'à la condition de n'attribuer point à son savoir une portée plus grande que de droit; d'autre part, c'est saper la morale dans sa base que de repousser les vérités définitivement acquises de quelque discipline que ce soit.

La science épuise-t-elle le réel? Evidemment non; elle ne s'occupe que des faits et des rapports qu'ils soutiennent entre eux. Tout ce qui est qualité, originalité, individualité, c'est-à-dire tout ce qui proprement est être et vie lui

échappe (1). Je me connais comme « sujet ».
Or, au regard des sciences naturelles, il n'y a
pas de « sujet », il n'y a que des « objets »,
des phénomènes conditionnés par l'interdépen-
dance du tout. Au regard de la science naturelle, il n'y a que des faits d'ordre physico-
chimique, les phénomènes · de conscience ne
sont que des fonctions du cerveau et du système nerveux, l'esprit en tant que tel n'existe
pas. C'est dire que de ce point de vue je
dois renoncer à me comprendre comme un être
spirituel et que je dois me réduire au rôle
d'objet, de chose. Or, en fait, je me saisis
comme *sujet*. J'aperçois en moi-même un
monde qui vit suivant d'autres lois que le
monde extérieur; de ce monde interne j'ai une
certitude plus immédiate que de l'autre. Dans
ce monde je m'assure et je m'affirme comme
un moi conscient de ses opérations, ayant sa

---

(1) « Ce que la science peut atteindre. ce ne sont pas
les choses elles-mêmes comme le pensent les dogma-
tistes naïfs), ce sont seulement les rapports entre les
choses », H. Poincaré, *La Science et l'Hypothèse*, p. 4.
Cf. Edward Carpenter : « La science ressemble à une
carte géographique, à l'aide de laquelle on se retrouve
très facilement, mais qui n'a pas la moindre ressemblance avec la contrée réelle ».

valeur propre en dehors et au-dessus de l'enchaînement causal, quels que soient d'ailleurs
les mouvements physiologiques où mon existence spirituelle se trouve impliquée.

La science ne nous dit rien sur l'origine et
la fin, sur la raison d'être du monde, sur notre
place et notre rôle dans l'univers. Et pourtant ces problèmes se posent angoissants et
obsesseurs devant notre esprit. Ecoutez sur ce
point la parole de quelqu'un qui n'est pas
suspect de théologisme :

« C'est au bout de toutes ces recherches, dit
M. Ferdinand Buisson (1), dans tous les ordres, que la science expérimentale s'arrête devant les problèmes qu'elle déclare pour elle
insolubles. Est-ce que la science a fait faillite? Au contraire, après avoir fait honneur à
tous ses engagements, arrivée à la limite de
son domaine et de son pouvoir, elle ne nous
dissimule pas qu'il reste un au-delà infini
sa dernière leçon, et non la moindre, c'est que
la science, notre seule méthode d'investiga-
tion et notre seule source de connaissances lé-

(1) « La crise de l'anticléricalisme », dans la *Revue
politique et parlementaire*, du 10 octobre 1903, page 21 et
suiv.

gitimes, n'épuise pas le réel, pas plus que
notre conscience n'épuise l'idéal; longtemps
après qu'elle a fini de parler, l'esprit humain
écoute encore, il questionne et elle ne répond
pas; il conserve une soif de savoir qu'aucune
science positive ne peut, quant à présent, supprimer, ni blâmer, ni satisfaire. Elle nous
explique ou elle nous expliquera un de ces
jours le mécanisme de la vie. Mais qu'est-ce
que la vie? Et que signifie-t-elle dans l'infini de
la durée? La science n'a rien à dire... —
Questions oiseuses, dira-t-on, questions métaphysiques qu'il faut écarter puisqu'on ne peut
les résoudre. — Mais peut-on supprimer de
l'esprit humain tout ce qui ne comporte pas
une solution scientifique expresse et définitive?..
Il y a dans la vie des émotions irréductibles
au raisonnement, et dont nous serions honteux
de nous défaire sous prétexte qu'elles ne se
justifient pas par $a+b$. Il y a dans la pensée
elle-même, et encore plus dans l'action, de
grands partis-pris moraux dont l'honnête
homme s'avoue très franchement que l'on ne
peut pas faire la démonstration, mais dont
il ne veut pas douter : il ne se pardonnerait
pas d'avoir réussi à les mettre en doute. Pour-

quoi le bien? Pourquoi le devoir? Pourquoi la conscience? Que peut bien signifier un impératif moral si absolument intransigeant chez un être qui ne vit qu'un jour, dont il ne restera rien demain ? »

Si la science se renferme dans l'expérimental, notre esprit et notre cœur refusent de s'y laisser enclore. Quand la science a fini de parler, nous n'avons pas pour autant fini d'interroger. La réponse aux « comment » ne satisfait pas les « pourquoi » (1). Et toujours

(1) Là-dessus les intelligences les plus libres sont d'accord. « La science, dit Darmesteter, n'a que des clartés froides, comme celles d'un soleil polaire, et sur les âmes mal trempées par l'instinct, son baume est un narcotique ou un poison. Elle ne sera saine et vivante que si elle retrouve dans l'instinct moral la sève et la chaleur de vie et si elle s'emploie à réaliser le bien dans l'homme » Les Prophètes d'Israël, p. 1!9. De son côté, Amiel écrit : « La forme et la lettre peuvent s'évanouir, la question humaine demeure : Qu'est-ce qui sauve? Comment l'homme est-il arrivé à être vraiment homme? La dernière racine de son être est-elle la responsabilité? Oui ou non, est-ce faire ou savoir le bien, agir ou penser, qui sont le dernier but ? Si la science ne donne pas l'amour, elle est insuffisante ; or elle ne donne que l'*amor intellectualis* de Spinoza, lumière sans chaleur. L'amour moral place le centre de l'individu au centre de l'être ; il a au moins le salut en principe, le germe de la vie éternelle. Aimer, c'est virtuellement savoir : savoir n'est pas virtuellement aimer. La science

à nouveau, au bout de toutes les avenues, nous débouchons sur la même ouverture de l'infini et le même vertige nous sollicite. Toujours à nouveau nous nous penchons sur ces béantes questions : Pourquoi la vie? Où tendent les mondes et les créatures? Tout n'est-il que jeu de l'éternelle Maya, choc, sabbat, agrippement accidentel d'atomes, l'homme n'est-il qu'une « boîte à phénomènes », qui, comme le disait Amiel, « sent passer en lui le tourbillon vital qui lui est prêté momentanément, pour lui laisser percevoir les vibrations cosmiques? » Ou bien existe-t-il quelque principe intelligent et bon qui informe l'univers, et l'homme a-t-il un rôle particulier qui lui confère la dignité de la causalité ?

Tels sont les problèmes qui se posent inévitablement à l'esprit de l'homme. D'ailleurs, tous, que nous le sachions ou non, que nous le voulions ou non, nous faisons de la méta-

si spirituelle et substantielle qu'elle soit en elle-même, est encore formelle relativement à l'amour. La force morale est donc le point vital. Et cette force ne s'atteint que par la force morale. Le semblable seul agit sur le semblable ».

physique. Toute existence, par son orientation, est une métaphysique implicite; donc, en dernière analyse, une position pour ou contre la religion. Seulement, quand cette position est prise au hasard, sous l'effet et dans le sens de paresseuses commodités, d'une véritable lâcheté intellectuelle et morale, notre vie n'a plus de valeur, car elle n'est plus l'affirmation d'une personnalité. Pour être un homme dans la pleine acception du terme, il faut penser sa vie et vivre sa pensée. Nous avons donc à « penser » notre doctrine religieuse, c'est-à-dire à en vérifier le contenu sous le contrôle de la raison et de la science.

La question centrale autour de laquelle pivote toute religion est la question de l'existence de Dieu. Nous ne pouvons pas, sous peine d'entrer dans des discussions très longues et très compliquées, qui sortiraient des limites que nous nous sommes tracées, examiner la valeur des principaux arguments ontologique, cosmologique et téléologique. Nous nous bornerons à reproduire les conclusions d'un philosophe, dont personne ne récusera la compétence et l'impartialité en matière scientifique. On sait si Stuart Mill fut attaché.

à la méthode expérimentale. Il a pensé que le problème religieux pouvait être posé scientifiquement. Voici les résultats auxquels il aboutit (1) :

« Je pense qu'il faut reconnaître que dans l'état actuel de nos connaissances les adaptations de la nature donnent beaucoup de probabilité à la création par une intelligence. Il est tout aussi certain qu'il n'y a pas autre chose qu'une probabilité, et que les autres arguments de la théologie naturelle que nous avons considérés n'ajoutent rien à la force de cette probabilité. Quelque raison qu'il y ait, abstraction faite d'une révélation, de croire à l'existence d'un auteur de la nature, cette raison se tire de l'aspect de l'univers (2). La

_____

(1) *Essais sur la religion*, trad. Cazelles (Paris, 1875), page 161. Dans un discours au Sénat, 21 juin 1901, M. Combes disait : « Au surplus, messieurs, pouvons-nous oublier que la science moderne, loin d'être en opposition avec l'idée religieuse, y conduit sûrement ceux qui savent analyser et coordonner les éléments de cette idée ». De même, lord Kelvin : « Nous sommes absolument forcés par la science de croire à un Pouvoir directeur... Il n'y a pas de position intermédiaire entre la croyance scientifique à un Pouvoir créateur et l'acceptation de la théorie du concours fortuit des atomes ».
(2) C'est l'avis du psalmiste antique, quand il s'écrie : « Les cieux racontent la gloire du Seigneur et le firma-

simple ressemblance qu'on y trouve avec les
œuvres de l'homme, ou avec celles que l'homme
pourrait faire, s'il avait sur les matériaux des
corps organisés la même puissance que sur
ceux d'une montre, cette ressemblance a quelque valeur comme argument analogique. Mais
l'argument tire une grande force de considé-

ment proclame l'œuvre de ses mains. » La science établit que l'infiniment petit n'est pas, si l'on ose s'exprimer ainsi, moins infiniment grand que l'infiniment grand. C'est le cas de rappeler la belle parole de Saint Augustin : *Nec major in illis, nec minor in istis*. Qu'on en juge par ces paroles de Stanley Jevons : « Nous avons de bonnes raisons de croire que même les atomes chimiques sont de structure extrêmement complexe ; qu'un atome de fer pur est probablement un système beaucoup plus compliqué que celui des planètes et de leurs satellites, que chaque élément constitutif d'un atome chimique parcourt, pendant une durée qui n'est que la millionième partie de celle d'un clin d'œil, une orbite où il est, simultanément ou successivement, sous l'influence de beaucoup d'autres éléments, ou peut entrer en conflit avec eux ; que chacune de ses particules infiniment petites résout, suivant les belles paroles de sir John Herschel, et cela pendant une durée illimitée, des équations différentielles qui, si elles étaient écrites en entier, pourraient couvrir la surface de la terre entière ». Dans la *Critique du Jugement*, Kant, en considérant la finalité interne des organismes, est amené à concevoir une orientation de la nature vers l'intelligible. Cf. Cournot, *Matérialisme, Vitalisme, Rationalisme*, p. 161 ; *De l'enchaînement des idées fondamentales*, I, 354.

rations proprement inductives qui établissent qu'il existe quelque connexion de causation entre l'origine des arrangements de la nature et les fins auxquelles ils servent; argument léger dans bien des cas, mais quelquefois aussi d'une force considérable, surtout quand il s'agit de dispositions délicates et compliquées de la vie végétale et animale (1). »

Ce ne sont là que des probabilités assurément; mais elles se renforcent d'autres indications (2). La raison, en participant de l'ordre universel et éternel, s'affirme comme divine : *nihil est in homine ratione divinius*. La raison, en affirmant sa primauté dans l'ordre de la connaissance comme dans l'ordre de l'action, affirme la réalité de l'Absolu, car l'idée

(1) On s'autorise souvent de la soi-disant affirmation de Laplace qu' « il n'avait pas besoin de l'hypothèse de Dieu ». Mais Laplace n'a rien dit de pareil. « Ce n'est pas Dieu qu'il traite d'hypothèse, mais son intervention en un point déterminé » (Faye, *Sur l'origine du monde*, p. 131).

(2) « L'activité inconnue qui est au fond de la nature même en étant venue à produire dans l'homme la conscience et le désir réfléchi du mieux, il y a là un motif d'espérer, un motif de croire que le mot de l'énigme des choses n'est pas, au point de vue métaphysique et moral : « Il n'y a rien ». M. Guyau, L'*Irreligion de l'avenir*, p. 430.

de l'Absolu est l'essence même de la raison. Elle n'admet que ce qu'elle reconnaît conforme à elle-même, elle est sa propre garantie. Mais d'où lui vient cette assurance de juridiction souveraine, sinon de son intuition immédiate qu'elle est la réalité vivante, universelle, éternelle (1). L'esprit se saisit comme le fonds et la vie de l'être, comme la force informatrice et synthétisante des innombrables modalités qui se renouvellent sans relâche ni trêve dans le champ illimité de l'espace et dans le cours infini de la durée. La science est une foi dans l'esprit sous la double forme de sa révélation dans l'homme et dans l'univers. Le cœur a des émotions, des tressaillements, des intuitions, des aspirations, des élans, qui nous mettent en rapport avec quelque chose de souverainement beau, de souverainement aimable, de souverainement désirable. « Dieu, est-il dit dans l'*Imitation*, est un soupir indicible caché au fond des âmes. » Quand nous parlons de

(1) La raison ne tire pas d'elle-même l'idée de l'absolu : c'est elle qui sort de lui véritablement. Elle n'est que par lui. Il lui est donné et elle est donnée à elle-même avec lui... Comme elle se fie à la réalité de cette idée, ainsi se fie-t-elle à elle-même. Jacobi, *Saemmtl. Werke*, III, 441.

liberté, de dignité, d'héroïsme, de charme,
d'humour, de grâce, de tact, d'admiration, de
pitié, de respect, de noblesse, de sainteté, d'a-
mour, d'une hiérarchie de valeurs, sommes-
nous donc dupes de fallacieuses imaginations?
Ne sont-ce là que des illusions subjectives qui
ne correspondent à rien de réel en dehors de
nous? Le mouvement intérieur qui m'anime,
me soulève et m'exalte devant les sublimités
de la nature, de la pensée, de l'art, de l'ab-
négation, cet ébranlement du plus intime de
mon être qui s'appelle l'enthousiasme, qu'est-
ce sinon le contact et la communion avec un
ordre de réalités supérieures au schémastisme
phénoméniste (1).

Poésie et subjectivisme, feux d'artifice de

(1) « Comment ne pas croire que cette fin supérieure,
qui communique à celui qui la cherche, la force et la
lumière n'est pas elle-même une réalité, la première des
réalités? Dieu est cet être même, dont nous sentons
l'action créatrice au plus profond de nous-mêmes au
milieu de nos efforts pour nous rapprocher de lui »
Boutroux, *De la contingence des lois de la nature*, p. 156.

> Waer nicht das Auge sonnenhaft,
> Die Sonne kœnnt' es nie erblicken ;
> Laeg nicht in uns des Gottes eigne Kraft,
> Wie kœnnt' uns Goettliches entzuecken !
>
> (GOETHE).

l'imagination et mysticisme pathologique !
nous criera-t-on. — Et sans doute, nous sommes loin des démonstrations géométriques et
du déterminisme universel. Mais, encore un
coup, la connaissance scientifique est-elle le
tout de l'être et du réel ? « La recherche positive, dit M. Liard, se propose uniquement de
déterminer l'ordre des phénomènes relatifs, et,
en décomposant l'expérience actuelle, de com-
poser l'expérience future. Ce n'est pas là tout
ce que nous désirons savoir, tout ce que nous
avons besoin de connaître. Même à supposer
que le domaine du relatif eût été exploré en
toutes ses parties, que les lois de tous les phénomènes fussent découvertes, que la subordi-
nation de ces lois nous fût connue, au-delà
nous demanderions autre chose. La science va
de condition en condition, et non pas de raison en raison. Or ce qu'il nous importe de
connaître, c'est la raison dernière des exis-
tences en général, et, en particulier, de la nôtre. A cette question, la science, et elle l'a-
voue, n'a pas de réponse. Or c'est la question
métaphysique par excellence (1). » Au surplus,

(1) *La Science positive et la métaphysique*, p. 478. Les
phénomènes, suivant l'expression de Pascal, sont à la

dans l'entendement tout doit-il se ramener à la seule catégorie de la quantité, celle de la qualité n'est-elle pas un point de vue aussi légitime que les autres (1) ? Et le cœur et la volonté ne doivent-ils compter pour rien ? Et le génie qui sent passer devant sa face le souffle de Dieu, qui sent s'agiter en lui un démon — *Est deus in nobis* — n'est-il vraiment qu'une névrose ? N'est-il pas plus exact de dire que la névrose est consécutive au trop plein de l'esprit, forçant et faisant éclater la matière ? Non, quiconque a senti frémir en lui l'étincelle sacrée protestera contre tout système qui prétend réduire l'esprit à une pure résultante de forces aveugles et enfermer toute la réalité dans le cycle des actions et des réactions physico-chimiques. « S'il existait, dit Balfour, un

---

fois causés et causants. Or, nous voulons connaître la cause des causes. — « Le terme du Savoir consiste en somme pour la Réflexion pure à prendre conscience de sa relation, à détruire l'idole de l'Existence absolue qu'elle s'attribuait d'abord et par conséquent à se renier elle-même en quelque manière, à s'effacer devant ce qui est absolument. » Xavier Léon, *La philosophie de Fichte* (Paris, 1902), p. 403.

(1) Notons que la maxime : « Rien ne se perd, rien ne se crée » ne saurait aucunement s'appliquer au monde de la qualité.

auteur rationnel de la nature et si, dans quelque mesure, même la plus insignifiante, nous partagions ses attributs, nous pourrions, à juste titre, nous attribuer une essence, une valeur intrinsèque, supérieures au monde matériel que nous habitons, tout incommensurable qu'il puisse être. Mais si nous sommes la créature même de ce monde, s'il nous a façonnés tels que nous sommes et qu'il nous détruira un jour, que dire alors ? Le sentiment de l'humour, un des dons les plus précieux que nous ait octroyés le choc des atomes, suffirait pour nous empêcher de prendre des airs de supériorité vis-à-vis des membres de la même famille de phénomènes, plus durables et plus puissants que nous (1). »

Que si l'on objecte que l'expérience nous montre dans la nature le supérieur produit par l'inférieur, la non-pensée engendrant la pensée, nous répondrons avec Ludovic Carrau que « l'expérience ne saurait tout à fait suffire en ces matières. La raison intervient, qui conçoit nécessairement une hiérarchie de perfection entre les différentes formes de l'exis-

---

(1) *Les Bases de la croyance*, trad. G. Art, page 55.

tence; elle affirme, par exemple, que l'être inorganique est de perfection moindre que l'être organique. Elle affirme même, contrairement à la succession historique des choses dans l'évolution universelle, que le plus parfait est logiquement et métaphysiquement la vraie cause du moins parfait, car il en est la cause finale, la seule condition intelligible. Par suite, franchissant les bornes de l'expérience directe et prenant l'univers dans sa totalité, elle n'y voit qu'un effet unique dont la cause contient *éminemment*, comme disait Descartes, toute la perfection qui se révèle dans les créatures de l'ordre le plus élevé, dans les esprits (1) ».

(1) *La philosophie religieuse en Angleterre* (Paris, 1888), page 205; Cf. Boutroux, *De la contingence des lois de la nature* ; Cf. Lachelier, *Du fondement de l'induction*, p. 83. « Nous pouvons établir que l'existence abstraite, qui consiste dans la nécessité mécanique, a besoin elle-même de trouver un point d'appui dans l'existence concrète, qui n'appartient qu'à l'ordre des fins, et qu'ainsi la finalité n'est pas seulement une explication, mais la seule explication complète de la pensée et de la nature. » Cf. Ravaisson, *La philosophie en France au XIX* siècle, p. 179: « Il est contradictoire, comme disait Aristote, que le meilleur provienne du pire, que le moins produise le plus. Et lorsque le matérialisme réussit en apparence à rendre compte, dans tel ou tel cas, du supérieur par l'inférieur, c'est que, par une subreption dont il ne s'est pas aperçu, il a mis déjà dans l'inférieur

Le Principe suprême une fois posé, il nous faut déterminer sa nature. Evidemment, il ne saurait être question d'une détermination exhaustive des attributs de Dieu; pour cela, il faudrait être Dieu. La conscience étant une forme ne saurait saisir à plein l'Absolu, l'intuition directe de l'Absolu impliquerait l'éclatement des cadres de notre pensée, c'est-à-dire, en définitive, la disparition de notre conscience. D'autre part, il nous faut bien en avoir quelque idée, car affirmer d'un être purement et simplement qu'il existe, sans que

ce supérieur que, ensuite, il croit et semble en faire naître ».Virchow qui n'était pas métaphysicien répliquait à Haeckel : « Avec le darwinisme la théorie de la génération spontanée est revenue sur l'eau... On ne connaît pas, il est vrai, un seul fait positif qui établisse qu'une génération spontanée ait jamais eu lieu, qu'une masse inorganique, même de la Société Carbone et Cie, se soit jamais transformée... Jamais M. Haeckel ne nous expliquera comment du sein de ce monde inorganique, où rien ne change, la vie peut apparaître », Congrès de Munich de 1875. Cf. Yves Delage, *La structure du protoplasme*, etc., p. 184 (Paris 1895) : « Je reconnais sans peine qu'on n'a jamais vu une espèce en engendrer une autre, ni se transformer en une autre, et que l'on n'a aucune observation absolument formelle démontrant que cela ait jamais eu lieu. J'entends ici une vraie bonne espèce, fixe comme les espèces naturelles et se maintenant comme elles, sans le secours de l'homme ».

nous ayons aucune connaissance de ce qu'il est, reviendrait à dire qu'il n'existe pas pour nous. Ni la Pensée pure d'Aristote, ni l'Unité des Alexandrins, ni l'Abîme des gnostiques, ni le En-Sof de la Cabbale, ni la Substance de Spinoza, ni l'Idée de Hegel, ni l'Inconnaissable de Spencer, toutes abstractions logiques, ne sauraient nous satisfaire. « Notre esprit, dit Descartes, peut bien en avoir quelque légère idée sans pourtant le pouvoir comprendre (1). »

Mais, pas plus qu'à propos des arguments sur l'existence, je n'entrerai dans le détail de la controverse; je me bornerai aux considérations que m'impose mon dessein de tenir un compte égal de la vérité objective (2) et de la vérité morale.

La confrontation de ces deux ordres de vérités nous place dans l'alternative de nier ou la toute-puissance ou la bonté divine. En effet, la nature aussi bien que l'histoire sont le

---

(1) « L'infini n'est pas insaisissable, on peut le saisir au contraire par des anses sans nombre dans la réalité finie ; seulement on ne peut l'embrasser ». G. Th. Fechner, *Du problème des âmes* (1861), p. 111.

(2) J'entends le spectacle que nous offrent la nature physique et l'histoire.

champ d'iniquités et de souffrances sans nombre. Inutile de reprendre l'épopée sanglante de la lutte pour l'existence, des victoires de la force brutale et de la perfidie. Avec Lamartine nous dirons :

J'ai vu partout le mal où le mieux pourrait être.

Admettre que Dieu est omnipotent et qu'il laisse se consommer tant d'injustices, saigner tant de douleurs, ce serait faire de lui un monstre, puisque, étant tout puissant par hypothèse, il lui suffirait de vouloir, pour que le mal n'existât point. Il reste donc que son pouvoir se soit trouvé limité par certaines conditions.

Cette conception, qui étonnera beaucoup, est aussi vieille que la pensée humaine. Cette conception est celle du vieux poème babylonien qui nous montre Mardouk aux prises avec Tiamat, des passages bibliques qui nous parlent d'une lutte entre Dieu et Rahab ou Léviathan, du narrateur génésiaque qui admet la préexistence d'un chaos, d'un Océan primordial (1), de la doctrine platonicienne où le

(1) Tehom vient de Tiamat.

démiurge se trouve en face d'une matière re-
belle, etc. (1).

(1) Que cette conception n'a rien d'incompatible avec
le judaïsme, c'est ce que reconnaissent, pour ne citer
d'une part que le plus pieux, et d'autre part que le
plus profond des théologiens juifs, Juda Halévi et Maïmonide. La doctrine juive, dit le premier, nous laisse
absolument libres de croire à une matière première et
éternelle. « Sachez donc, que si le fidèle se trouvait
obligé d'admettre soit une matière primitive, soit l'existence d'une infinité de mondes précédant le nôtre, sa
foi ne serait nullement entamée ; car cela ne l'empêche-
rait pas de croire que ce monde-ci a commencé et que
l'humanité descend d'un même couple » (*Kosari*, I, 65-67).
De même Maïmonide : « Cependant, si l'on admet l'éternité du monde selon l'opinion de Platon, cette opinion
ne renverse pas les bases de la religion. On pourrait
interpréter les textes dans ce sens et trouver beaucoup
d'expressions qui lui serviraient de preuve » (*Guide*, II.
ch. 25). Cf. Albo, *Ikkarim*, I, 12. Des docteurs et des
théologiens juifs ont formellement admis la matière in-
créée. On lit dans les *Pirké R. Eliézer*, ch. III : « D'où
furent créés les cieux ? Dieu prit de la lumière de son
vêtement et l'étendit comme un drap ; et les cieux se
déployèrent, ainsi qu'il est dit : « Il s'enveloppe de lumière comme d'un manteau, il déroule les cieux comme
d'un tapis (*Ps.*, CIV, 2). D'où fut créée la terre ? Il prit
de la neige de dessous le trône de sa gloire et la lança
ainsi qu'il est dit : « Car à la neige il dit : Sois Terre »
(*Job*, XXXVII, 6). R. Abahou soutient que Dieu créa,
puis détruisit successivement des mondes, parce qu'ils
ne répondaient pas à son idée (*Bereschith rabba*, sect. 3
et 9) ; c'est dire que Dieu n'est pas tout-puissant. Gersonide se prononce nettement pour une matière coéter-
nelle (*Mil'hamoth Adonaï*, VI, 1, ch. 17).

En face du principe de réalité absolue se
dresse un principe de limitation, voilà le fait.
Mais ce fait peu fort bien s'expliquer sans
qu'il soit nécessaire d'admettre une matière
co-éternelle, indépendante de Dieu. On peut
concevoir que Dieu s'est limité lui-même, voici
comment : l'Absolu est l'Esprit, qui est activité spontanément productrice. Cette activité
ne peut se réaliser qu'en se posant dans une
infinité de déterminations, qu'en se réfrac-
tant dans la multiplicité des créations, modes
et individus, dont l'ensemble forme ce que
nous appelons le monde ou la nature. Mais,
en se déterminant, en prenant la forme du
fini, l'Absolu se limite, il se soumet à la relation et à la loi.

L'Absolu, en se réalisant, ne peut pas échapper aux conditions qui résultent du fait même
de sa réalisation. Sans doute, il dépasse à
chaque instant, en vertu de son inépuisable
infinité, les déterminations où il s'affirme ;
mais toujours est-il qu'en tant qu'il revêt des
modalités particulières il ne peut pas ne pas
enchaîner sa liberté dans les formes sous lesquelles il s'actualise.

Une fois admis que le pouvoir créateur a

été limité par les conditions mêmes de son exercice, la bonté et la justice du Créateur se trouvent hors d'atteinte, et tout ce qui dans son œuvre contredit ces attributs moraux peut être imputé aux conditions mêmes de l'activité créatrice (1).

Aussi bien les attributs qui nous intéressent par-dessus tous les autres, ce sont les attributs moraux. C'est sur quoi toutes les religions s'accordent, car toute religion pose comme devoir suprême celui d'imiter Dieu. Or nous ne saurions prétendre ressembler à Dieu pour la puissance. La seule imitation qui nous soit accessible est celle de la perfection morale : « Vous serez saints comme moi l'Eternel je suis saint. » En outre, notre raison comme notre cœur ne trouvent de repos que dans la certitude d'un souverain principe d'ordre et de bien. Notre amour et notre adoration ne peuvent aller qu'à un être qui essentiellement veut

(1) La forme finie, qui est nécessairement celle de toute créature, explique la mort. D'autre part, les formes finies soutiennent entre elles de multiples et inéluctables relations; or chacune des formes finies, par cela même qu'elle est une expression de l'activité universelle et éternelle, tend à s'affirmer le plus possible. D'où conflits, d'où le Mal.

le bien. Il faut donc que l'attribut de la bonté soit au-dessus de toute contestation, et si l'observation démontre que de la puissance et de la bonté il faut sacrifier l'une ou l'autre, on sacrifiera la première. « Dieu, dit le Talmud, prie, et sa prière est ainsi conçue : Puisse ma bonté l'emporter sur ma justice (1) ! »

— Tout doux, nous fera-t-on remarquer, de ce que votre raison et votre cœur ne se reposent que dans l'assurance d'un principe de bien, cela ne prouve pas qu'en réalité un pareil principe existe. Qui vous dit que cet être suprême n'est pas un dilettante s'amusant au jeu des formes, ou plus simplement qu'il est indifférent ?

Je laisserai encore la parole à Stuart Mill (2) : « Quand on essaie de considérer la question sans parti-pris ni préjugé, et sans laisser prendre aux désirs aucun empire sur le jugement, il semble que, l'existence d'un plan une fois accordée, la majorité des témoi-

_____

(1) Cf. *Bereschith rabba*, sect. 51 : « Rien de mal ne descend d'en-haut. » On lit dans e *Zohar*, I, 43 *b* « L'ange de l'amour vole mille fois plus vite que l'ange de la sévérité ».

(2) *Loc. cit.*, page 177 et suiv,

gnages est en faveur de l'idée que le Créateur
a voulu le plaisir de ses créatures. Ce qui sug-
gère cette idée, c'est d'abord que presque toutes choses donnent du plaisir d'une espèce ou
d'une autre : le simple jeu des facultés physiques ou mentales est une source de plaisir qui
ne tarit jamais ; que les choses elles-mêmes pro-
curent du plaisir en ce qu'elles satisfont la cu-
riosité et qu'elles donnent le sentiment si agréable de l'acquisition de la connaissance ; c'est
ainsi que le plaisir, quand on l'éprouve, semble le résultat du jeu normal du mécanisme,
tandis que la peine naît naturellement de l'intervention de quelque objet extérieur dans le
jeu du mécanisme, et paraît être dans chaque
cas particulier l'effet d'un accident. Même
dans les cas où la peine semble être, comme le
plaisir, le résultat du mécanisme lui-même,
les apparences n'indiquent pas que le Créateur ait employé son industrie pour produire
intentionnellement de la douleur ; elles indiquent plutôt une maladresse dans les arrangements employés en vue de quelque autre fin.
L'auteur du mécanisme est sans doute responsable de l'avoir fait susceptible de peine, mais
il est possible que ce résultat ait été une con-

dition qu'il fallût remplir pour que le mécanisme fût susceptible de plaisir; supposition
vaine dans la théorie de l'omnipotence, mais
très probablement dans celle d'un créateur
réduit à créer sous la gêne que lui imposent
les lois inexorables ou les propriétés indestructibles de la matière... Il y a donc beaucoup d'apparence que le plaisir des créatures
est agréable au Créateur, et il y en a très peu
que leur douleur le soit : et l'on a raison de
conclure à bon droit que la bonté est un dés
attributs du Créateur. »

Cela nous suffit, d'autant plus que Dieu
nous a conféré la dignité de la causalité, avec
l'intelligence qui conçoit, la liberté qui peut,
la volonté qui agit, et ainsi nous a promus au
rang de ses collaborateurs. « Quiconque, dit
le Talmud, accomplit un acte moral, coopère
à l'œuvre de la création » (*Mekiltha Jethro*,
ch. II.)

Dès lors, notre vie, chacun de nos efforts
prend une signification éminente, puisque nous
coopérons à une œuvre d'une valeur universelle
et éternelle (1). Nous prenons figure d'artiste

(1) « Cette loi, ce devoir, ce bien n'ont ni le même sens

dans le sens le plus fort du terme, attendu que
nous contribuons à une organisation plus harmonieuse des éléments, à une plus grande pu-
reté des lignes et des contours, à une expression plus moralement et plus esthétiquement
belle de la physionomie cosmique.

Ainsi la religion se trouve légitimée aux yeux
de la raison. Qu'est-ce, en effet, que la religion (la religion supérieure s'entend) ? Elle
est la croyance en une puissance supérieure de
caractère essentiellement éthique avec qui
l'homme entre en communion et en coopération
par l'activité morale (la recherche du vrai
étant naturellement comprise dans cette activité). Nous avons vu que non seulement les
résultats de la libre spéculation ne sont pas
opposés aux postulats de la religion, mais y
sont favorables. Que, si, en dernière analyse,
nous n'avons que des indications et des proba-

ni la même valeur objective, ni par suite la même autorité sur nous, suivant qu'une pensée une et suprême le
conduit, ou qu'il est livré à un devenir éternel d'où sor-
tira ce qui pourra en sortir, suivant enfin que la raison
dernière de tout est dans une volonté sage et clair-
voyante ou bien dans l'aveugle force des choses. »
Buisson, *La religion, la morale et la science* (Paris, 1900),
p. 94.

bilités, et nulle preuve véritablement convaincante (1), le *kalos kindynos*, l'adhésion généreuse fera le reste, et nous n'en aurons que
plus de mérite à agir comme si nous possédions la certitude absolue de l'existence d'un
Dieu vivant et saint tel que le meilleur de nos
aspirations voudrait qu'il existât. « La dignité
supérieure de l'esprit au regard de l'ensemble
des choses, dit Sabatier, ne se peut maintenir
jusqu'au bout de notre individualité si précaire
que par un acte de confiance et de communion
intime dans l'esprit universel. Ce n'est que
d'une puissance spirituelle que ma conscience
fait réellement dépendre et moi et l'univers
qui, dès lors, se pourront réconcilier, parce
qu'ils ont, dans cet être universel conçu com-

(1) Proflat Duran (ou Efodi), philosophe juif de la fin
du xive siècle, observe dans son commentaire sur le
Guide de Maïmonide, II, ch. 2, qu'il ne peut y avoir pour
l'existence de Dieu de démonstration rigoureuse, fondée
sur des prémisses bien définies, puisque, comme l'a dit
Maïmonide, Dieu n'a pas de causes antérieures et ne
saurait être défini. Les preuves qu'on allègue pour
l'existence de Dieu sont donc de celles qui sont fondées
sur des définitions imparfaites, où l'antérieur est défini
par le postérieur. De même, Schemtob Falaquera dans
son *Moré ha-Moré*, I, ch. 52.

me esprit, un principe commun et une fin so-
lidaire (1). »

Il nous reste à dire un mot sur le ton, la
force, la paix, la sérénité, que la religion pro
cure aux âmes et sur les qualités d'idéalisme
qu'elle développe. Dussiez-vous ne posséder
aucune preuve rigoureusement démonstrative,
n'auriez-vous que des probabilités, que des indications, qu'eu égard aux énergies de récon-
fort, d'exaltation, de dévouement, dont la religion est douée, vous devriez favoriser de tout
votre pouvoir le développement du sentiment
religieux.

La religion donne un pôle fixe à notre vie,
elle communique du sérieux à nos moindres actes, elle discipline nos désirs, ramasse en une
direction une et forte nos virtualités et les soulève vers des fins désintéressés. Elle est tu-
trice des fermes principes, des dispositions
hautes et des émotions nobles, elle nous anime
de l'ivresse sacrée de l'enthousiasme, elle élar-
git et illumine les yeux de toute la lumière
de l'idéal, elle dilate la poitrine de toute la

_____

(1) *Esquisse d'une philosophie de la religion*, page 19.

respiration de l'infini (1). « Par delà la pa-
trie temporelle et le court fragment d'histoire
humaine que perçoivent les yeux de la chair,
dit Taine en parlant des religions, elles em-
brassent et présentent aux yeux de l'esprit le
monde entier et sa cause suprême, l'ordonnance totale des choses, les perspectives infi-
nies de l'éternité passée et de l'éternité future.
Par-dessous les actions corporelles et inter-
mittentes que la puissance civile prescrit et
conduit, elles gouvernent l'imagination, la

(1) « L'éducation intellectuelle intégrale, dit M. Buisson, suppose, par delà le fini que la science étudie, l'infini qui lui échappe. L'éducation morale intégrale suppose, au dessus de la plus haute moralité, un idéal de
perfection morale qui la dépasse. Ni cet infini n'est accessible à la science, ni cet idéal accessible à l'activité
humaine, mais l'un et l'autre servent d'abord à nous
marquer le sens dans lequel nous devons marcher, ensuite à nous prémunir contre l'illusion d'avoir atteint
le but et fermé le cycle de l'effort, soit intellectuel, soit
moral. C'est l'office propre de la religion d'entretenir
en nous ce sentiment et cette idée : 1° sous la forme de
conscience de notre imperfection, en particulier conscience du mal moral; 2° sous la forme d'aspiration vers
la perfection, considérée comme notre idéal intellectuel,
moral et esthétique, tant au point de vue esthétique
qu'au point de vue social » (Op. cit., 179). « La religion,
dit Auguste Comte, constitue pour l'âme un consensus
normal exactement comparable à celui de la santé envers le corps ».

conscience et le cœur, toute la vie intime, tout le travail sourd et continu dont nos actes visibles ne sont que les expressions incomplètes et les rares explosions (1). »

Qu'on nous permette encore de citer Stuart Mill (2), dont le témoignage, en tant qu'il vient du plus profond des positivistes, est particulièrement précieux. « La vie humaine, dit-il, chétive et resserrée comme elle est, et comme à ne la considérer que dans son cours ici-bas, elle doit probablement demeurer, alors même que les progrès moraux et matériels l'affranchiraient de la plupart des calamités qui l'accablent, la vie humaine a grandement besoin, il me semble, de plus d'étendue et d'élévation pour ses aspirations en ce qui la touche et en ce qui touche sa destinée, que ne saurait lui en assurer l'exercice de l'imagination enserrée par le témoignage des faits positifs. Je crois qu'il est de la sagesse de tirer tout le parti possible des probabilités, fussent-elles faibles, que nous présente cette question et qui fournissent à l'imagination un terrain où elle s'ap-

(1) *Le Régime moderne*, II, page 4.
(2) *Op. cit.*, page 230 et suiv.

puie... Une telle espérance fait de la vie et
de la nature humaine des objets d'un bien
plus haut prix pour le cœur, elle communique
plus de force et aussi plus de solennité à tous
les sentiments qui sont éveillés en nous par
nos semblables et par l'humanité en général ;
elle affaiblit le sentiment de cette ironie de la
nature qui devient si pénible quand nous voyons
toute une vie d'efforts et de sacrifices n'aboutir à former un esprit sage et noble que pour
qu'il disparaisse au moment où il semble prêt
à répandre sur le monde les fruits de ses la-
beurs... Mais le profit consiste moins à posséd-
der une espérance spécifique qu'à donner plus
d'étendue à la gamme des sentiments, du moment que les aspirations les plus élevées ne
sont plus si fortement tenues en échec et rab-
battues par le sentiment de l'insignifiance de
la vie humaine, par le sentiment désastreux
qu'elle *ne vaut pas la peine* qu'elle cause.
L'augmentation des mobiles qui nous portent
à nous rendre meilleurs jusqu'à la fin de notre
vie est pour nous un gain si évident qu'il n'est
pas nécessaire de dire en quoi il consiste. Il
est un autre emploi extrêmement important
de l'imagination, qui dans le passé et le pré-

sent s'est conservé surtout grâce aux croyances religieuses, et qui est infiniment précieux pour l'humanité, d'autant plus précieux que l'excellence de l'homme dépend beaucoup de ce qu'on a fait pour l'entretenir. Je veux parler de l'habitude de concevoir par l'imagination un Etre moralement parfait, et de celle de prendre l'approbation de cet être comme la norme ou le type auquel nous devons comparer et sur lequel nous devons régler notre caractère et notre vie. »

Se priver de la religion, c'est appauvrir sa vie, c'est la découronner, la dépoétiser, la dévelouter. La religion est nécessaire à l'enfant qui par ses continuels « pourquoi » cherche inconsciemment le principe suprême du monde, à l'enfant dont l'éducation n'est vraiment solide que si elle est pénétrée de respect envers une autorité souveraine. La religion est nécessaire à la femme qui vit surtout par le cœur, cœur si frileux qu'il a besoin d'être réchauffé sans cesse, cœur dont chaque battement est un appel de tendresse et un vœu d'adoration. La religion est nécessaire à l'homme qui, las de la lutte pour l'existence, las de la tension forcenée du moi, las de l'analyse et de la vie cérébrale, demande à se recueillir, à s'abandonner avec confiance, à redevenir enfant devant le Père qui est au ciel, et, après les écumes de la lutte, les fièvres de l'orgueil, les audaces de la pensée, les défis de l'impassibilité stoïque, demande à s'échapper en balbutiements d'une prière humble, attendrie, faite d'espérance (1), ouvrant des aubes de renouveau, de relèvement, d'essor intérieur.

Logiquement (2), celui qui ne croit à rien d'éternel, à rien de supérieur au jeu des tourbillons moléculaires, doit finir dans le ricanement dont parle le poète :

(1) « Je crois, pour ma part, dit M. Jaurès, qu'il serait très fâcheux, qu'il serait mortel de comprimer les aspirations religieuses de la conscience humaine. Ce n'est point cela que nous voulons ; nous voulons, au contraire, que tous les hommes puissent s'élever à une conception religieuse de la vie par la science, la raison et la liberté. Je ne crois pas du tout que la vie naturelle et sociale suffise à l'homme. Dès qu'il aura, dans l'ordre social, réalisé la justice, il s'apercevra qu'il lui reste un vide immense à remplir » (L'Action socialiste, pages 160, 161).

(2) Je dis « logiquement », et non pas « forcément ». En effet, les dispositions aussi bien naturelles que celles acquises par l'hérédité et par l'éducation entretiennent dans l'homme une logique des sentiments plus forte que la logique intellectuelle.

Alors je suis tenté de prendre l'existence
Pour un sarcasme amer d'une aveugle puissance,
De lui parler sa langue, et, semblable au mourant,
Qui trompe l'agonie et rit en expirant,
D'abîmer ma raison dans un dernier délire,
Et de finir aussi par un éclat de rire !

                                (LAMARTINE)

ou il doit aboutir à l'égoïsme absolu de Max
Stirner. Mais quelle détresse que d'être et que
de se sentir seul ! ô les affres de l'âme orphe-
line qui grelotte sans espoir sous l'aigre bise
des nuits sans étoiles, tendues d'un deuil
inexorable ! ô les épouvantements d'une pensée qui se grignote lentement à mort au sein
d'insondables solitudes sans voix et sans écho !
Vae soli (1) !

(1) Je relève dans la *Correspondance* de Sainte-Beuve
(t. I, p. 130), les paroles suivantes : « Je suis passé à
l'état d'intelligence critique, et assiste avec un œil con-
tristé à la mort de mon cœur. L'intelligence luit sur ce
cimetière comme une lune morte ».

II

Le Judaïsme
devant les affirmations
de la Conscience moderne

Le Judaïsme devant les affirmations de la Conscience moderne

Dans un récent ouvrage, *Les Affirmations de la conscience moderne*, M. Gabriel Séailles s'est efforcé de dégager l'attitude de la pensée contemporaine en face des religions positives et de la morale.

Je voudrais prendre occasion de ce livre pour montrer qu'il y a une religion dont les doctrines et les tendances s'accordent parfaitement avec les exigences de la conscience moderne, et que cette religion, c'est le judaïsme.

Mais, auparavant, je tiens à présenter une observation préjudicielle, en vue de dissiper un malentendu que M. Séailles semble partager avec beaucoup de braves gens. La plupart de ceux qui parlent du judaïsme paraissent ignorer que nos doctrines ont évolué depuis le temps des Hébreux primitifs. De là le reproche de dureté qu'on adresse à la Bible, le caractère

anthropopathique qu'on attribue au Dieu d'Israël, la note de matérialisme dont on marque
la morale juive. Je ne fais pas difficulté d'a-
vouer qu'on rencontre des choses barbares dans
l'Ecriture. Mais si l'on veut être historien
exact, l'on devra reconnaître, d'abord, qu'à
côté de ces passages on en trouve d'autres, et
infiniment plus nombreux, qui sont pénétrés
d'une humanité, d'une douceur, d'une déli-
catesse, d'une élévation, qui n'ont pas été dé-
passées; ensuite, que la Bible n'est pas une
œuvre d'un seul jet, mais une composition de piè-
ces d'époques différentes, si bien qu'un millier
d'années sépare tel morceau de tel autre. Or
mille ans, c'est à considérer dans la vie d'un
peuple, surtout dans l'histoire ancienne d'Israël, où à la barbarie primitive se substitue
l'idéal prophétique. Quelle absurdité ne com-
mettrait pas un historien de la France en l'an
4000 après l'ère chrétienne, s'il attribuait aux
Français du XX° siècle les mêmes conceptions
religieuses et morales qu'aux vieux Gaulois !

Il faut donc bien se pénétrer de cette idée,
sous peine de graves méprises et injustices,
que la Bible nous offre des stades différents de
civilisation. Alors on comprendra la nature en-

core peu raffinée de certaines scènes de mœurs
et de certaines croyances. On comprendra qu'à
cette époque éloignée, où les israélites n'étaient
qu'un conglomérat de tribus idolâtres, le législateur qui les voulait élever à une notion supérieure de la divinité ne pouvait pas, s'il voulait
se faire comprendre, leur présenter des con-
cepts d'une métaphysique quintessenciée comme on ferait à des agrégés de philosophie, mais
devait accommoder son enseignement à la fai-
blesse d'intelligences non cultivées, toutes sa-
turées de représentations naturalistes (1). Cela
explique les anthropomorphismes et les sanctions matérielles. Cependant, dès une antiquité
relativement haute, des idées religieuses et morales très pures se font jour dans la conscience
d'Israël, témoin le Décalogue, où Dieu est conçu comme un être absolument spirituel et où
l'effort moral est porté jusqu'au plus profond

(1) C'est ce que Maïmonide a fort bien vu : « Comme
il est impossible de passer subitement d'un extrème à
l'autre, l'homme ne saurait quitter brusquement ses habitudes. En conséquence, la sagesse de Dieu ne jugea
pas convenable de nous ordonner le rejet de toutes ces
espèces de culte ; car cela aurait paru inadmissible à la
nature humaine qui affectionne toujours ce qui est habi-
tuel... » *Guide*, III, ch. 32.

du cœur humain, jusqu'aux racines du sentiment, puisque le dixième commandement ne
se borne pas à interdire la mauvaise action,
mais réclame la destruction du mauvais désir.
Et c'est ainsi, à mesure que nous avançons,
une épuration et une élévation progressive du
sentiment religieux et de l'éthique (1). J'aurai,
dans ce qui va suivre, l'occasion d'en fournir
quelques exemples.

Essayons maintenant de dégager les affirmations de la conscience moderne et de mettre en regard les propositions de la doctrine
juive.

(1) Pour la conception de Dieu que se formait déjà un
des plus anciens prophètes, Elie, le passage suivant est
caractéristique : « Et Iahvé dit : — Sors et tiens-toi sur
la montagne, devant Iahvé. Et voici que passait Iahvé,
et un vent puissant et violent déchira la montagne et
brisa les rochers ; mais Iahvé n'était pas dans le vent.
Et derrière le vent vint un tremblement de terre ; mais
Iahvé n'était pas dans le tremblement de terre. Et derrière le tremblement de terre venait une flamme ; mais
Iahvé n'était pas dans la flamme. Et derrière la flamme
venait une voix douce et tendre », I, Rois, XIX, 11, 12.
« C'est dans le sein d'Israël, dit Renan, que s'est accompli d'une manière définitive le passage de la religion
primitive, pleine de superstitions malsaines, à la religion pure et, on peut le dire. définitive de l'humanité »...
Conférence sur l'Identité originelle du judaïsme et du
christianisme.

Et d'abord, ce qui met le judaïsme bien à l'aise à l'égard des exigences de la science, c'est qu'il n'a qu'un seul article de foi fondamental, la croyance en Dieu, sur quoi la science ne se prononce point, parce que cela n'est pas de sa compétence. « Allons-nous, dit justement M. Séailles, par une logique plutôt bizarre, promulguer l'athéisme, tout au moins lui conférer une façon de privilège, le privilège des esprits vraiment forts ? Hélas ! il est plus difficile qu'on ne l'imagine de ne point faire de métaphysique : la pire de toutes est celle qui s'ignore, *qui ne croit être que l'expression des faits, quand elle en est une interprétation arbitraire.* L'athéisme est une de ces métaphysiques qui s'ignorent » (p. 229). Et si ailleurs notre auteur écrit : « On ne change pas l'idée de l'univers, sans changer, qu'on le veuille ou non, l'idée de Dieu » (p. 39), nous ne voyons pas en quoi les nouvelles découvertes pourraient modifier l'idée de Dieu telle que la présente *Exode* III, 14 : « Je suis celui qui suis », ce qui, traduit en langage moderne, signifie que Dieu est l'Absolu, le Sujet pur. Or la science ne s'occupe pas de l'Absolu, elle ne connaît que les manifestations de l'être et leurs rapports, les phénomènes et leurs lois.

Un des caractères de la conscience moderne, c'est l'horreur de la superstition. Le judaïsme a toujours combattu la superstition (1). La plus grande partie de la législation mosaïque et de la prédication prophétique n'a d'autre objet que d'arracher Israël aux extravagances de l'idolâtrie et de la sorcellerie. L'interdiction absolue de représenter la divinité sous une forme quelconque, de se taillader la chair en l'honneur des morts, de consulter les nécromanciens et les pythonisses, prouve suffisamment combien l'on condamnait les aberrations des cultes antiques. « Il n'y a point de magie en Jacob, ni de sortilège en Israël » est-il dit dans *Nombres*, XXIII, 23. La Bible est hostile au culte des saints. Pour les personnages qu'elle propose en modèles, elle apporte un soin extrême à signaler les défauts à côté des qualités. En vue d'empêcher que les

---

(1) « Le judaïsme, dit Tolstoï, traite la divinité comme une idée, il n'admet pas le moindre fétichisme » ; Cf. Renan, *Hist. d'Israël*, I., p. 58 ; « Dès l'époque reculée où nous sommes, le pasteur sémite porte au front le sceau du Dieu, absolu, sur lequel est écrit : « Cette race supprimera de la terre la superstition. »

Israélites ne rendissent un culte à Moïse, le lieu de sa sépulture leur fut soigneusement dérobé.

Au reste, la Torah se présente formellement comme une doctrine rationnelle : « Observez mes commandements et pratiquez-les, ce sera votre *sagesse* et votre *intelligence* aux yeux des peuples, car quand ils auront connaissance de toutes ces lois, ils diront : Elle ne peut être que *sage* et *intelligente* cette grande nation » (*Deut.*, IV, 6). La doctrine d'Israël donc se prétend excellente, non parce que révélée, mais parce que conforme à la raison et au bon sens universel, « ce sera votre sagesse et votre intelligence *aux yeux des peuples* ». Cette doctrine n'a rien de surnaturel ni d'extrahumain : « Cette loi n'est pas dans le ciel... elle n'est pas non plus par delà l'océan... Non, la chose est près de toi. Tu l'as dans la bouche (1) et dans le cœur pour pouvoir l'observer » (*Dt.*, XXX, 11-14). Mais si « aimer Dieu », cela signifie essentiellement discipliner les mouvements de l'imagination et de la sensibilité sous les commandements de la plus haute rai-

---

(1) La bouche est le siège de la parole qui est l'organe de la pensée.

son et de la plus pure conscience, si, comme le dit le Talmud, Dieu a pour sceau : *Vérité*, non seulement il n'y a pas de conflit possible entre le judaïsme et la science, mais il y a obligation pour nous d'accepter les résultats avérés et de contribuer au développement de la connaissance (1).

Mais, objectera-t-on, les écrits sacrés d'Israël sont pleins d'une croyance que la science élimine, la croyance au miracle ! A quoi je répondrai qu'effectivement les miracles jouent un grand rôle dans nos livres. Cette croyance est un reste d'anthropomorphisme et d'anthropocentrisme, elle est d'ailleurs naturelle à quiconque le concept de loi universelle et nécessaire est étranger. Mais une réflexion plus approfondie et une conception plus élevée de Dieu font rejeter le miracle comme indigne de l'Intelligence suprême. Sur ce point, je partage entièrement l'avis de M. Séailles. « Il nous

---

(1) « Le sot croit tout ce qu'on lui dit, tandis que l'homme intelligent entend orienter lui-même ses pas » (*Prov.*, XIV, 15) ». Lorsque l'homme comparaît devant le tribunal céleste, on lui demande : As-tu donné quelques heures de la journée à l'étude de la Doctrine ? T'es-tu occupé de science ? as-tu appris à comprendre les sujets les uns par les autres ? » *Schabbath*, 31 *a.*

apparaît aujourd'hui, dit-il, comme un procédé
puéril, enfantin, indigne d'une haute intelligence, à laquelle il ne saurait convenir de trou-
bler le règne des lois qu'elle a établies. Ces
petits accrocs faits arbitrairement dans la tra-
me des phénomènes, ces coups d'Etat minus-
cules en un point de l'espace et du temps,
alors que par millions les mondes lancés dans
l'immensité silencieuse obéissent à la souverai-
neté de la loi, sont des jeux dignes tout au
plus d'un génie de conte de fées. En fait, le
nombre des miracles est en raison directe de
l'ignorance et de la sottise de ceux qui en
croient être les témoins. « La méthode péda-
gogique », qui consiste à prouver une vérité
morale, un dogme théologique par des prodiges
où se renversent les lois naturelles, ne con-
vient pas plus à Dieu qu'à n'importe quel
être raisonnable » (pp. 33 et 34). Sous une autre forme, le passage suivant de *Deut.*, XIII,
2 et suiv., expose une conception analogue :
« S'il s'élève au milieu de toi un prophète ou
un visionnaire, t'offrant pour caution un signe ou un miracle, quand même s'accompli-
rait le signe ou le miracle qu'il t'a annoncé,
en disant : « Suivons des dieux étrangers (que

tu ne connais pas) et adorons-les », tu n'écou-
teras pas les paroles de ce phophète ou de
ce visionnaire... » Qu'est-ce à dire, sinon
qu'aucun prodige ne saurait prévaloir contre
les affirmations de la saine raison !

Voici maintenant un passage du Talmud
Baba Mecia, 59 *b*, qui ne laisse aucun doute :
« Un jour, les rabbins agitaient une controverse. R. Eliézer avait essayé, mais sans suc-
sès, d'amener ses collègues à son opinion.
« Pour vous prouver, fit-il alors, que la vérité
est de mon côté, voici un arbre qui va être
transporté à cent coudées ». Et l'arbre se dé-
plaça. — « C'est un arbre arraché, dirent les
docteurs, ce n'est pas une preuve! » — « Eh
bien! dit R. Eliézer, que ce ruisseau remonte
vers sa source. ». Fut dit, fut fait. — « C'est
une rivière tarie, répliquèrent les rabbins, ce
n'est pas un argument! » R. Eliézer, comme
ressource suprême, invoqua l'intervention céleste, et une voix se fit entendre qui dit :
« Qu'êtes-vous à côté de R. Eliézer? C'est lui
qui partout et toujours a raison ». Mais alors
R. Josué se leva et fit respectueusement : « O
Seigneur! tu nous as dit toi-même que çe n'est
pas dans le ciel qu'il faut chercher la loi (*Deut.*,

XXX, 11), nous ne tiendrons donc aucun compte
de cette voix miraculeuse ». Cette historiette
nous montre le peu de cas que certains docteurs
faisaient du miracle et qu'à leurs yeux rien ne
valait une démonstration rigoureuse.

Cependant, en un certain sens, au point de
vue de l'être, donc au fond, tout est merveilleux. En effet, l'être est qualité, spontanéité,
originalité, il s'affirme différemment sous les
innombrables modalités individuelles, il se
transforme continuellement, il n'est jamais ni
ne peut être d'un instant à l'autre absolument
identique à lui-même; donc il y a à chaque
instant du nouveau, de l'hétérogène, donc à
chaque instant il y a du créé, et puisque le
nombre des êtres est infini, il y a à tout moment des créations en nombre infini. Par conséquent, il y a du merveilleux partout et toujours.
Par conséquent encore, s'il est vrai de dire du
point de vue de la science qu'il n'y a pas de
miracle, du point de vue de l'être il faut dire
que tout est merveilleux. Je ne sais si je
me trompe, mais il me semble que l'éminent
philosophe catholique M. Blondel exprime une
idée pareille quand il dit : « Il n'y a sans doute,
si l'on va au fond des choses, rien de plus

dans le miracle que dans le moindre des faits ordinaires. Mais aussi il n'y a rien de moins dans le plus ordinaire des faits que dans le miracle. »

Et M. Séailles n'est-il pas un peu du même avis quand, à la page 160, il écrit : « L'action n'a pas moins à nous apprendre de la réalité que l'analyse qui nous en retire. Au lieu de regarder l'esprit du point de vue de la chose, vous regardez la chose du point de vue de l'esprit. La qualité reprend un sens, elle n'est pas un pur accident, une résultante que le mécanisme indifférent compose et détruit, elle est une idée, elle a sa raison dans son harmonie même. La nature nous apparaît comme l'éveil d'une pensée mobile et progressive qui s'achève et se reconnaît dans l'esprit sans y perdre sa puissance plastique que continue l'invention des formes idéales que la fantaisie propose au choix de la volonté. L'esprit n'est pas le prodige du hasard, on ne l'explique pas en le supprimant : il ne se résout pas en ses éléments, il se constitue dans la mesure même où il les domine et les organise : il est réalité parce qu'il est action. »

Pourquoi cette digression, demandera-t-on?

Mais pour montrer une fois de plus que si la science a ses droits, que hautement nous reconnaissons, la science pourtant n'a pas *tous* les droits, parce qu'elle n'est qu'un point de vue particulier de l'esprit et non l'esprit dans sa plénitude et totalité. A côté de la science, il y a place pour le libre mouvement, la spontanéité créatrice et inspiratrice de l'esprit, autrement dit il y a place pour l'art, la morale, la métaphysique, la religion.

— Mais revenons à notre sujet. Après avoir établi que le judaïsme ne peut entrer en conflit avec la science puisqu'il reconnaît les exigences légitimes de la raison, nous pouvons montrer que le judaïsme favorise le développement de la science, du fait qu'il admet le libre examen, la libre spéculation. Le Talmud rapporte des opinions très diverses, dont quelques-unes des plus hardies. Le judaïsme a compté dans son sein des groupes de nuances très accentuées, Sadducéens, Pharisiens, Esséniens, Alexandrins allégoristes, Karaïtes, Cabbalistes (1), etc.; ce

(1) Simon Duran (1366-1444), grande autorité rabbinique, n'admet pas qu'on taxe d'hérésie la recherche libre, dès l'instant qu'elle est sincère, dût-elle conduire à des conceptions contraires à l'opinion reçue; voir *Maghèn*

qui dénote un exercice large de la pensée. Nous n'avons pas de dogmatique, pas de théologie officielle, et, si nous avons des théologiens, ils sont loin d'être d'accord sur les croyances obligatoires.

C'est que, aussi bien, le judaïsme, s'il est une religion, n'est pas une foi à proprement parler. Il est une religion, puisqu'il établit le rapport le plus étroit entre l'homme et Dieu; mais il n'est pas une foi dans le sens où ce mot implique un ensemble de *vérités* révélées, car l'écrivain sacré ne connaît pas de *vérités* révélées (1). *Le judaïsme est essentiellement une pratique morale de la vie.* « Parmi toutes les prescriptions et dispositions de la loi mosaïque, dit Mendelssohn, aucune n'est ainsi conçue : « Tu croiras » ou « Tu ne croiras

Abolh, au commencement. Maïmonide n'admet pas qu'on abdique son jugement personnel, « les yeux, dit-il, n'ont pas été placés derrière, mais devant ». Iedaïa Peinini de Béziers (xiii° siècle) défend vigoureusement les recherches philosophiques contre certains rabbins rétrogrades. De même Elie de Medigo : Gersonide, Moïse de Narbonne, Léon l'Hébreu sont remarquables pour la hardiesse de leurs idées.

(1) Aussi, comme on l'a remarqué, ne saurait-il véritablement être question chez les juifs d'*orthodoxie*, mais seulement d'*orthopraxie*.

pas », mais « Tu feras » ou « Tu ne feras
point »! On ne commande pas à la croyance,
attendu qu'elle n'admet d'autres commandements que ceux qui lui arrivent par voie de
persuasion. Toutes les prescriptions de la loi
divine s'adressent à la volonté, à la puissance
active de l'homme (1) ». Un des plus grands
savants et théologiens juifs du XIX° siècle,
S. D. Luzzatto, est du même avis. Après avoir
cité le passage de Mendelssohn, il ajoute :
« Déjà trois siècles auparavant l'observation
en a été faite par Bibago (2) qui s'exprime
comme suit (*Dérek Emounah*, 60) : « De là
vient que tous les enseignements doctrinaux
de l'Ecriture se présentent sous forme de récit
et d'exhortation, et non pas de commandement,
comme cela a lieu pour les prescriptions pratiques. Ainsi la Bible débute par ces mots : Au
commencement Dieu créa le ciel et la terre... »,
et de cette façon proclame la création *ex nihilo*,
mais sans rien prescrire sur ce point, comme
elle prescrit par exemple le repos du sabbat. Il
en est de même pour tous les autres articles de

(1) *Jerusalem*, 2° partie.
(2) **Abraham ben Schem Tob Bibago vécut en Espagne
dans la deuxième moitié du xv° siècle.**

croyance. Que si elle dit : « Ecoute Israël, l'E-
ternel est notre Dieu, etc. », il pourrait sembler
qu'il s'agit là d'un ordre formel; en réalité
ce n'est qu'une exhortation (1) ». Et ailleurs,
Luzzatto dit : « Jamais nos vieux docteurs n'ont
songé à établir un symbole, une confession de
foi (2) ».

Il est tellement vrai que le judaïsme ne connaît pas de vérités révélées que l'idée religieuse
cardinale, à savoir l'idée du Dieu un-unique,
n'est pas présentée par le Talmud comme ayant
été révélée à Abraham, mais comme le résultat
de la réflexion personnelle du patriarche (*Nedarim, 32 a*). Et la Bible elle-même dit, dans
Genèse, IV, 26 : « Alors on commença d'invo-
quer le nom de l'Eternel ». « L'existence de
Dieu et son unité, déclare Maïmonide, sont des
principes qu'on conçoit par la simple spéculation humaine, sans qu'il soit besoin de révélation prophétique ».

(1) *Lezioni di Teologica Dogmatica Israelitica*, 1864.
Introduzione, § 4.
(2) *Ib.*, § 3; Cf. Darmesteter, *Les prophètes d'Israël*, p.
295 : « Le judaïsme, religion toute positiviste, toute de
morale et d'action pratique, n'ayant posé dans l'ordre
théorique que des principes simples et si conciliables
avec tous les systèmes métaphysiques qu'ils les dominent
tous... »

Mais dès l'instant qu'il n'y a pas de dogme révélé, la spéculation est libre et le fameux problème de la conciliation de la foi et de la raison tombe de lui-même. « La raison, soutient Saadia, le plus ancien théologien juif, enseigne les mêmes vérités que la révélation ». « La raison, dit le philosophe Abraham ibn Ezra, est l'ange entre l'homme et Dieu ».

Autre conséquence : la religion juive ne saurait être intolérante. Et, en effet, nous ne disons pas : « Hors de la Synagogue pas de salut! », mais : « Les justes de toutes les nations et de tous les cultes ont part à la félicité éternelle » (*Tocifta Sanhédrin*, 13) (1). Voyez encore ce joli passage du *Midrasch Schir ha-Schirim :* « Il est dit dans le Cantique des Cantiques : « Mon bien-aimé est descendu dans son jardin vers les parterres d'aromates pour paître ses brebis et pour cueillir des roses » (VI, 2). Quelles sont les brebis qu'il paît? Ce sont les peuples de la terre. Quelles sont les roses qu'il cueille? Ce sont les justes qui vivent parmi ces peuples ». Non seulement on ne devait pas molester l'étranger, non seulement on devait le

---

(1) Tout homme juste rentre dans la notion d'Israélite, dit Isaac Arama, *Aquéda*, p. 63 a.

tolérer, mais on devait l'*aimer* (*Lév.*, XIX, 33,
34; *Nombres*, XV, 15, 16). Israël doit apporter
la bénédiction à toutes les nations (*Gen.* XII,
3; XXII, 18). Entre les doctrines des deux
illustres maîtres Schamaï et Hillel, c'est celle
de Hillel qui a prévalu, parce qu'elle était
toute de modération et de tolérance. On reconnaît que sous les formes grossières du fétiche,
c'est encore Dieu que le païen cherche et révère : « En tous lieux on présente de l'encens
à mon nom » (*Malachie*, I, ii) (1).

Quand donc M. Séailles écrit (p. 241) : « Pour
les religions positives, l'intolérance ne semble
ni un accident ni une contradiction, mais bien
une nécessité logique. Quand on est convaincu
qu'on est en possession de la vérité absolue,
que Dieu même s'est dérangé pour la trans-

(1) « Aucun homme, dit Maïmonide, n'a cru et ne croi-
ra que la figure faite par lui a créé le monde. Cette
figure n'est adorée que comme un symbole d'une
chose qui est intermédiaire entre nous et Dieu » *Guide*,
I, page 136; *Mischné Tora*, I. 1. De même, Ibn Gabirol
proclame dans son *Kélher Malkoulh* : « Tu es Dieu et
toutes les créatures sont tes adorateurs et tes serviteurs. Ta gloire n'est diminuée en rien, parce qu'il y en
a qui adorent ce qui n'est pas toi; car leur but à tous,
c'est d'arriver jusqu'à toi ». Voir aussi Nachman Kroch-
mal, *Moré Nebouké ha-Zeman*, ch. VI.

mettre aux hommes, la tentation est grande de
l'imposer, fût-ce par la force, aux esprits re-
belles qui en refusent le bienfait. Les faits con-
firment la logique : l'histoire des religions de
ce biais constitue l'un des chapitres les plus
abominables de l'histoire de l'humanité » ; quand
M. Séailles écrit cela et que plus loin il reconnaît au seul bouddhisme le mérite de la tolérance, il est injuste à l'égard du judaïsme.
Les raisons et les citations que j'ai produites
plus haut établissent que si les juifs sont intolé-
rants (cela leur est arrivé pour Maïmonide et
Spinoza, par exemple), ils le sont en contradiction avec l'esprit et les prédications de leur
religion. Pour un juif, il y a « nécessité logique » aussi bien que prescription religieuse
de pratiquer la tolérance.

Donc le judaïsme n'est pas proprement dogmatique. Il recommande telles ou telles croyances, il insiste plus particulièrement et constam-
ment sur la croyance en un Dieu pur esprit,
mais, ce faisant, il ne prétend pas imposer
une vérité communiquée par voie surnaturelle,
il s'adresse au jugement, à la raison, il *ne sort
pas de la voie naturelle*. Ne pas croire en Dieu,
est le fait d'un *insensé* : « L'insensé a dit dans

son cœur : « Il n'y a point de Dieu! » (*Ps.*,
LIII, 1). Le judaïsme est, avant tout, comme
je le disais plus haut, une pratique morale de
la vie, un effort pour conduire l'individu et la
collectivité humaine au plus haut degré de développement dont ils sont capables. La religion
juive ne se préoccupe pas d'enseigner des vérités spéculatives, mais des vérités morales. On
nous prévient que nous ne pouvons pas atteindre le fond des choses : « Les choses cachées
appartiennent au Seigneur notre Dieu; à nous
les choses révélées, lesquelles consistent dans
l'observation de la Torah » (*Dt.*, XXIX, 28) (1).
Ce qui revient à dire qu'un seul point est clair
pour nous et d'ailleurs seul important, à savoir la pratique du devoir. « Nous n'agissons
pas parce que nous connaissons, mais nous connaissons parce que notre destinée est d'agir,
dit Fichte (2). La raison pratique est la raison
de toute Raison ». *Naacêh ve-nischma*, est-il
dit dans *Ex.*, XXIV, 7 : l'action d'abord ! Le
judaïsme ne prétend pas faire de ses adeptes

---

(1) « Autant qu'ils m'oublient, pourvu qu'ils observent
mes commandements », fait-on dire à Dieu dans *jer.
Haghiya*, ch. I.
(2) *Die Bestimmung des Menschen*, p. 263.

des dévots qui passent leurs jours dans des
prières et des macérations stériles. Il ne veut
pas d'une croyance qui n'ait d'autre fin qu'elle-
même, ni d'exercices d'un piétisme vide; ce
qu'il réclame de croyance et de pratique c'est
ce qu'il faut pour, d'une part, mettre de l'enthousiasme dans l'activité humaine et, d'autre
part, pour renforcer nos habitudes morales par
les artifices d'une pédagogie vigilante et bien
entendue.

Une religion vaut par la place qu'elle as-
signe à la morale et pour la nature de sa morale. En ce qui concerne le premier point,
avoir établi, comme nous l'avons essayé, que la
religion juive est essentiellement une religion
d'action, c'est avoir montré qu'elle a pour principe directeur, pour âme, l'idée morale. « Ce
qui caractérise essentiellement Israël, dit
Matthew Arnold, c'est le sens moral, c'est la
foi en une nécessité qui veut la justice et con-
sume l'iniquité ». Il nous reste à déterminer
la nature de la morale juive, sa forme et son
contenu.

La conscience moderne réclame l'autonomie
de la morale : la morale doit avoir en elle-même
son principe et sa fin, elle doit se conférer à

elle-même sa loi et sa valeur, elle ne doit dépendre d'aucune autorité extérieure et n'avoir en vue que, sa propre satisfaction, elle ne doit être inspirée ni par la crainte ni par le calcul.

— Ah ! voici le talon d'Achille, s'écrieront beaucoup ; car vous ne nierez pas que la Bible présente continuellement les lois comme les commandements de Dieu. Mais dès l'instant que vous obéissez aux lois parce que expressions de la volonté divine, votre morale ne tient plus son autorité d'elle-même, elle est hétéronome.

— A quoi nous répondrons avec M. Lazarus (1), que la loi n'est pas morale parce que Dieu l'a ordonnée, mais Dieu l'a ordonnée parce qu'elle est morale. Dieu ne confère pas à la loi sa valeur morale, la loi la porte en elle-même. Il n'est pas dit : « Soyez saints, parce que je veux ou parce que je l'ordonne », il est dit : « Soyez saints, *parce que moi je suis saint* ». L'équation s'établit ainsi : Sois moral, parce que le moral est divin; sois divin, parce que le divin est moral. Donc dire de l'éthique juive qu'elle est une expression de l'ordre divin, cela ne si-

---

(1) *Die Ethik des Judenthums*, Francfort-sur-Mein, 1898.

gnifie pas que Dieu l'impose par un décret
arbitraire, par une sorte de coup d'Etat; cela
signifie que la loi morale s'impose en vertu de
sa propre autorité, elle est la loi de l'esprit,
donc la loi de Dieu aussi bien que de l'homme;
donc, de ce point de vue, la morale juive est
autonome. *Tan'houma Ki-tabô* et *Lév. r.*, ch.
35, déclarent que l'homme, en tant qu'être moral, est son propre créateur.

De ce qui précède il suit que ce n'est pas la
législation sinaïtique qui a introduit la morale
dans le monde. Le Talmud le reconnaît, puisqu'il dit d'Abraham qu'il avait observé toutes
les lois morales (dernière Mischna de *Qiddous-
chin*). La législation sinaïtique n'a prescrit ces
lois que parce qu'elles étaient morales. D'où
il suit encore que l'acte morale accompli spontanément est supérieur à l'acte exécuté par
obéissance. « L'étranger, dit le docteur Simon
b. Laqisch, qui accepte la Loi par libre convic-
tion, a plus de mérite aux yeux de Dieu que
toute la troupe des enfants d'Israël qui ont
été au pied du Sinaï. Ceux-ci ont entendu le
tonnerre, vu les éclairs, perçu les sons du cor
sacré et les paroles de Dieu, sans quoi ils n'au-
raient pas accepté le joug de la royauté divine.

L'étranger, lui, n'a assisté à rien de tout cela, c'est de son propre mouvement qu'il vient à Dieu et qu'il entre dans la cité morale : qui l'emporte sur lui ? » (*Tanhouma lék-leka*) (1).

La morale juive est encore autonome, en ce sens qu'elle n'admet pas qu'on obéisse à une arrière-pensée de crainte ou de récompense dans l'accomplissement du devoir (2). Ici se présente l'accusation classique, où se complaît principalement le christianisme, du juif « grossier et charnel ». La Torah, objecte-t-on, menace de châtiments quiconque transgresse ses prescriptions et promet des récompenses à qui les remplit : ne s'ensuit-il pas que votre morale est une morale utilitaire et eudémonique?

— Il est exact que le législateur hébreu dresse aux yeux de son peuple l'épouvantail des pu-

<hr />

(1) Cf. « Celui qui accomplit un devoir qui lui est imposé par la religion n'est pas comparable à celui qui l'accomplit de son propre mouvement », *Qaiddouschin*, 31 a; *Baba Qamma* 87 a; *Aboda zara*, 3 a. Cependant d'autres docteurs admettent qu' « il y a plus de mérite à remplir un devoir qui est prescrit », *ibidem*.

(2) Elle n'admet pas non plus que la fin justifie les moyens; c'est, suivant une expression rabbinique, agir à la façon « d'une femme qui se prostituerait pour des pommes et les distribuerait ensuite à des malheureux » (*Schemoth rabba*, 31).

nitions et fait miroiter devant lui la perspective de brillantes rémunérations.

Seulement il ne faudrait pas négliger deux considérations : d'abord, que la Torah n'est pas un ouvrage de pure morale, elle est en grande partie un recueil de lois civiles, politiques, criminelles, visant à une forte organisation sociale. Le bon ordre de l'Etat exige que les lois soient rigoureusement observées; de là les punitions et les récompenses. Mais de ce que le législateur, de son point de vue d'homme d'Etat, poursuit les infractions et encourage l'obéissance, êtes-vous reçu à dire que ce législateur, en tant que moraliste, professe une morale utilitaire? Assurément non; il se sert de moyens pour assurer l'exécution des lois et s'occupe de bonne police. De ce que le Code pénal et le Code civil français édictent des peines contre les délinquants, avez-vous l'idée de conclure à la « grossièreté » de l'éthique française?

En second lieu, la promesse d'une récompense et la menace d'un châtiment sont des artifices pédagogiques qui ont pour but de nous habituer à bien agir, quand nous sommes encore incapables de pratiquer le juste pour sa seule beauté. Allez donc parler à des enfants de mo-

rale indépendante, de vertu désintéressée, ils
ne vous comprendront pas! Il faut commencer
par les attirer au bien par la crainte d'un châtiment et par l'espoir d'une récompense. Plus
tard, le bien les sollicitera par son éclat propre, et ainsi, après avoir débuté par la satisfaction égoïste, ils s'élèveront au désintéressement:
Mitók schélô lischmoh bô lischmoh.

Nombreux sont les passages où les docteurs
prêchent une morale absolument désintéressée.
« Quiconque, dit Raba, fait le bien en vue d'une
considération autre que le bien même, mieux
vaudrait qu'il ne fut pas né » (*Berakoth*, 17 *a*).
« Accomplissez les préceptes, non dans un dessein d'avantage personnel, mais par pur amour »
(*Sifré éqeb*). L'un des plus anciens rabbins,
Antigone de Soco, dit en propres termes : « Ne
soyez pas comme des mercenaires qui ne servent
leur maître qu'en vue d'un salaire, mais comme
des serviteurs qui poursuivent leur tâche sans
préoccupation de récompense » (*Aboth*, 1, 3);
parole que l'illustre commentateur Raschi explique ainsi : « Même si je ne dois pas recevoir
de rémunération, j'aimerai mon créateur et je
m'attacherai à ses commandements » (*Aboda
z.*, 19 *a*). A propos de *Ps.*, CXII, 1 : « Heureux

l'homme qui révère l'Eternel et qui se délecte dans ses prescriptions », R. Eléazar dit : « dans les prescriptions et non dans les récompenses ». Le chapitre XIX du *Lévitique* est remarquable pour la hauteur de conception à laquelle, dès une époque ancienne, la conscience israélite s'était élevée. Dans ce chapitre, on recommande aux israélites d' « être saints », c'est-à-dire moralement parfaits, non pas en vue de quelque béatitude extérieure, mais « parce que Dieu est saint! » Et tous les préceptes sont suivis d'un même refrain où le devoir apparaît dans le seul et simple appareil de sa majesté : « Je suis l'Eternel votre Dieu! »

A ce moment de l'évolution morale, rien de sensible ne saurait être la sanction de l'action bonne : son unique sanction, c'est de susciter une nouvelle bonne action chez moi-même et chez autrui. « Le bien appelle le bien, dit Ben Azaï, et le mal appelle le mal, car le prix d'un acte vertueux est un autre acte vertueux et le châtiment d'un péché un nouveau péché » (*Aboth*, IV, 2). Cette conception se trouve déjà dans l'Ecriture :« Vois, je te propose en ce jour, d'un côté *la vie avec le bien*, de l'autre *la mort avec le mal* » (*Dt.*, XXX, 15). Et ne

croyez pas à une intervention particulière de
Dieu. « Lorsque, dit R. Eléazar, l'Eternel pro-
nonça cette parole : « Voyez, je vous propose
en ce jour la bénédiction et la malédiction; la
bénédiction si vous suivez mes ordonnances, la
malédiction si vous les violez », depuis ce jour,
le sort heureux ou malheureux de l'homme n'est
pas dû au Très-Haut, mais le mal frappe de
lui-même le pécheur, et le bien échoit naturellement à celui qui fait le bien » (*Dt. rabbah,*
ch. 4). C'est dire que toute action porte en
elle-même sa šanction.

Beaucoup de docteurs, sans doute, parlent
de sanctions ultra-terrestres. Pour ma part, je
n'admets point qu'on fasse une façon de place-
ment avantageux, comptant que les avances
seront rendues avec usure; qu'on parle d'une
récompense extérieure quelconque à quelque
distance qu'on la place : tout élément de
crainte ou d'espoir vicie la nature morale de
l'acte. Le bien doit s'accomplir par pure générosité, dans la pleine offrande du cœur. Je
souscris donc entièrement à ces paroles de M.
Séailles : « La crainte du châtiment, si redou-
table soit-il, l'attente d'une récompense, si ma-
gnifique qu'on l'imagine, sont des motifs qui

ne peuvent qu'altérer le caractère moral d'une action : l'intérêt ne change pas de nature, parce que tout à la fois il recule et grandit » (p. 119). Et ailleurs : « Nous ne comprenons plus quel rapport s'établit entre le mal moral et le mal physique, comment, par suite, celui-ci peut réparer celui-là ; dans le châtiment par la souffrance, nous ne voyons qu'un mal ajouté à un autre mal... » (p. 73).

Nous n'admettons pas d'enfer : parler de bienheureux à côté de créatures qui seraient plongées dans la souffrance cela est un scandale, car comment pourrais-je me dire pleinement satisfait, sachant que d'autres êtres se trouvent dans la douleur ; comment, au regard de ma raison et de ma conscience, mériterais-je d'être heureux, tant qu'il y aurait dans l'univers un seul être à gémir et que je ne compatisse point à sa peine et que je ne l'aidasse à la soulager ? (1) O ironie ! s'il y avait un enfer, les premiers à souffrir seraient les justes ! « Le paradis, écrit M. Séailles, doit être moins un lieu qu'un état intérieur de l'âme : la vision de

_____

(1) Nous laissons à St Augustin la triste conception qui voit dans la grande majorité du genre humain une « pâte de damnation », *massa damnationis*.

l'enfer envahirait l'âme tout entière, la trouble-
rait d'une pitié douloureuse, ne lui laisserait
d'autre joie possible que celle d'éteindre les
flammes éternelles et de libérer les victimes
d'un mal, qui serait la négation de l'amour
et la défaite de Dieu » (p. 75). Le docteur Simon b. Laqisch disait : « Il n'y a pas d'enfer
dans le monde futur, mais Dieu fera briller
son soleil dont l'éclat guérira les justes et fera
souffrir les méchants » (*Nedarim*, 8 *b*). Qu'est-
ce à dire sinon que la récompense est purement
intérieure, elle consiste dans une délivrance
progressive de l'erreur et de l'égoïsme; de
même, le châtiment est purement intérieur, il
consiste dans la condamnation de soi-même.

Cherchant à définir la morale antique, M.
Séailles dit : « La morale antique, si variés
qu'aient été ses systèmes, se résume dans cette
formule : *sequere naturam*, suis la nature.
Suivre la nature n'est pas s'abandonner à l'instinct, se livrer à tous les caprices de la sensibilité; l'homme doit être homme, comprendre ce
qu'il est pour le devenir, il ne suit la nature
qu'à la condition d'obéir à la raison. Si la
nature et la raison, loin de se contredire,
s'accordent, au terme s'identifient, si la vé-

ritable fonction de la seconde est de comprendre la première pour la réaliser, la science est la sagesse, le bien moral est le bien naturel, qui a la vertu, a le bonheur... Ce qui caractérise la morale antique, c'est qu'elle ne sépare pas le bonheur et la vertu, c'est qu'elle propose à l'homme pour fin le souverain bien qui dès ici-bas les concilie, et c'est qu'elle cherche le principe de la moralité humaine dans l'intelligence, faisant du souverain bien le prix de la sagesse » (p. 45).

Si l'on entend la fameuse formule : *sequere naturam* dans le sens spécial de « suivre la raison », la morale juive aboutit aux mêmes conclusions que la morale antique. Nous avons établi suffisamment, pour qu'il soit utile d'y revenir, que le judaïsme fait un appel direct et constant à la raison, au jugement, au bon sens, et quiconque s'est tant soit peu familiarisé avec l'Ecriture sait le rôle éminent qu'y tient la Sagesse. Il nous reste à montrer que la doctrine juive fait elle aussi « du souverain bien le prix de la sagesse ». Parmi les nombreux passages, nous n'avons que l'embarras du choix. Vie et bien, mort et mal sont choses corrélatives : « Vois, je te propose en ce jour d'un côté *la vie avec le bien*, de l'autre *la mort avec le mal* » (*Dt.*, XXX, 15). Vertu entraîne accroissement, enrichissement de vie : « Vous observerez mes commandemnts et mes préceptes par la pratique desquels l'homme *s'assure la vie* » (*Lév.*, LVIII, 5). « Aime l'Eternel ton Dieu, écoute sa voix, reste-lui fidèle, c'est là la condition de ta vie et de ta pérennité » (*Dt.*, XXX, 20). « Je vous ai donné une doctrine de bien et de bonheur, c'est ma Torah, ne l'abandonnez point » (*Prov.*, IV, 2). « Elle est un arbre de vie pour ceux qui s'y attachent, elle procure le bonheur à quiconque s'y appuie » *Prov.*, III, 18).

Que si l'on prend le mot nature dans un sens plus général, il n'est évidemment plus exact de dire que nature et raison s'identifient. La nature en elle-même n'est ni morale ni immorale, elle est amorale. « La graine volée, disent les docteurs, germe et pousse tout comme celle qui a été acquise honnêtement » (*Aboda z.*, 54 *b*). La nature est un ensemble de forces que l'homme ne saurait anéantir; pour leur commander, il faut commencer par leur obéir; pour les dompter il faut d'abord les connaître. Le sensible, le naturel n'a pour objet et pour

effet que la conservation de l'être; seul le moral
(y compris l'effort intellectuel) a pour objet et
pour effet l'éternel. L'Ecclésiaste dit : « Il n'y
a aucun profit pour l'homme sous le soleil; il
n'y a rien de nouveau sous le soleil » (I, 3, 9);
c'est vrai, ajoutent nos sages, mais il y en a
par delà le soleil (*Schabbath*, 30 *b*).

Mais si l'ordre physique et l'ordre moral sont
différents, ils ne sont pas pour cela contraires :
le bien ne consiste pas à combattre, à mutiler
ou à détruire la nature. Aux yeux du christianisme, « elle est mauvaise, incurablement mauvaise, et, livrée à elle-même, elle ne peut produire que le désordre et le mal. Dans l'homme,
elle est l'empire de la chair, l'égoïsme, la source
de toutes les passions perverses, l'auxiliaire
de Satan... Le bien n'est pas d'achever la nature, mais de la détruire. Le chrétien meurt
selon la chair pour renaître et revivre selon
l'esprit » (pp. 45, 46). La conception juive
n'accepte point cette corruption radicale (1).
Le judaïsme ne demande pas qu'on meure à la
chair. Nature sensible et nature spirituelle for-
ment un tout qu'il s'agit d'ordonner en une

(1) Sur le « Péché originel et le Judaïsme », voir l'*Univers israélite* du 17 et 24 juillet 1903.

organisation harmonique : la Nature doit servir à réaliser l'Esprit. Il ne faut pas chercher à détruire les penchants, qui d'ailleurs ne se laissent pas détruire mais se dépravent quand systématiquement on les veut comprimer, on doit s'ingénier à les canaliser et les transformer en auxiliaires de l'Idée. Le judaïsme n'encourage point l'ascétisme. « Tourmenter sa chair est une cruauté » (*Prov.*, XI, 17). R. Eliézer Hakappar dit au nom de Rabbi : « Que signifient ces mots de la Torah à propos du nazir (de l'homme qui fait vœu d'abstinence) : « Le prêtre l'absoudra du péché qu'il a commis contre la personne » (*Nombres*, VI, 11)? De quelle personne s'agit-il? de celle du nazir, et son péché consiste à s'être privé de vin. Mais si l'on appelle pécheur celui qui s'abstient de vin, à plus forte raison appellera-t-on pécheur celui qui s'abstient de tout » (*Taanith*, 11 a) (1).

Pourquoi repousser les joies honnêtes, les jouissances légitimes? Par le ton qu'elles don-

(1) Contre les excès mystiques, voir *Schabbath*, 10 a, *Baba bathra*, 164 b. A celui qui se livre à l'étude il est interdit de multiplier les jeûnes (*Taanith*, 11 b). Ta contrition aux jours de jeûne ne t'approche pas plus de Dieu que ta joie pendant le sabbat et les fêtes, dit Juda Halévi (*Kozri*, II, 50).

nent à la vie, par l'exaltation qu'elles communiquent, elles sont de précieux adjuvants pour l'accomplissement des tâches Santé et bonne humeur n'empêchent pas de remplir son devoir, au contraire. Assurément il y a bien des tristesses et des misères dans ce monde, mais il est aussi des occasions et des éléments de bonheur, pourquoi les mépriser? « L'homme, dit un rabbin, devra se justifier dans le monde futur pour toute jouissance légitime qu'il aura dédaignée » (*jér. Qidd.*, in fine). « Le vin réjouit le cœur de l'homme » (*Ps.*, CIV, 15), pourquoi l'homme s'en interdirait-il l'usage ? Pas de pruderie ni de bigoterie, car qui veut faire l'ange fait la bête : « La doctrine n'a pas été donnée à des anges » (*Berakoth*, 25 *b*). « Parmi ceux qui s'attirent la colère divine, il y a ceux qui vivent dans le célibat et ceux qui étant mariés renoncent à la paternité » (*Peçahim*, 113 *b*).

Chose remarquable, le judaïsme non seulement ne prohibe pas la joie, mais en certaines circonstances il la porte au rang des devoirs. « Tu te réjouiras de tout le bien que l'Eternel ton Dieu t'a donné... » (*Dt.*, XXVI, 11). Dieu n'est pas le monstre sanguinaire que certains

dépeignent qui exige qu'on se frappe sans relâche et qu'on se déchire : « Justes, réjouissez-
vous en l'Eternel! » (*Ps.*, XCVII, 12). « Servez
l'Eternel avec joie, venez devant lui avec des
chants d'allégresse! » (*Ps.*, C, 2) « Un cœur
joyeux vaut mieux qu'un remède » (*Prov.*,
XVII, 22). C'est dans ce dosage d'éléments
idéaux et d'éléments naturels, dans cette spiritualisation des besoins physiques, que se révèle
un des traits les plus originaux du génie juif.
L'humain et le divin se pénètrent, se nourris-
sent l'un l'autre, se mettent réciproquement en
valeur. « L'esprit de Dieu, disent les docteurs,
ne repose pas sur l'homme en état de tristesse
ou de paresse, mais en l'état de joie inhérent à
l'accomplissement du devoir » (*Schabbath*, 30
b). « Une lumineuse sérénité est le privilège de
la vertu » (*Ps.*, XCVII, 11).

Un autre caractère de la morale contemporaine, c'est de devenir de plus en plus sociale.
De ce chef encore, notre doctrine ne laisse rien
à désirer. En Israël, le sentiment de solidarité
a toujours été très net. La loi n'est pas donnée
à l'individu, mais à la société, pour qu'elle de-
vienne un « groupement saint ». Au moment où
le peuple israélite reçut la Loi, il ne forma

qu'un « faisceau » (*Yalkout Jéthro*), et, à la fin
des temps, « toute la terre » n'en formera qu'un
(*Ber. r.*, ch. 88). Israël, à l'origine, l'humanité,
progressivement, constituent une personne morale collective. Le souvenir et les mérites des
ancêtres sont perpétuellement invoqués en faveur des descendants. Le déshonneur d'un
membre rejaillit sur la communauté entière.
Au sujet des mots : « Elle a commis une in-
famie en Israël » (*Dt.*, XXII, 21), le Talmud
déclare : « Ce n'est pas elle seule qu'elle a
déshonorée, mais tout Israël » (*jér. Ketouboth*,
4, 3). La société est, en partie, responsable des
crimes individuels : quand on découvrira en
plein champ le cadavre d'une personne assas-
sinée et qu'on ignorera l'auteur du meurtre,
les anciens et les juges se rendront sur les
lieux. Ils prendront une génisse, la conduiront
dans un bas-fond inculte, et briseront la nuque
à la bête. Les anciens se laveront les mains
sur la génisse et diront tour à tour : « Nos
mains n'ont pas répandu ce sang-là, et nos
yeux ne l'ont pas vu répandre. Pardonne à
ton peuple Israël que tu as racheté, Seigneur,
et n'impute pas le sang innocent à ton peuple

Israël! » (*Dt.*, XXI, 1 — 8) (1). La collectivité
doit faire expiation, car qui sait si, l'instruction
étant mieux distribuée, le devoir social mieux
compris et plus strictement observé, qui sait
si le meurtre eût été commis?

L'homme ne peut développer intégralement ce
qui fait son « humanité » que dans et par la
vie sociale. Quand on propose à un peuple pour
idéal : « Vous me serez une république de
prêtres » (*Ex.*, XIX, 6), on n'entend évidemment
pas recommander aux individus de s'isoler
dans la carapace de l'égoïsme : on veut promouvoir chacun au rang de missionnaire de
vérité et de moralité, on prêche à chacun le
dévouement total de soi aux autres, car on
n'est pas prêtre pour soi, mais pour autrui.
Ce n'est que dans l'activité sociale que naît et
s'exerce l'amour, qu'on arrive à « aimer l'a-
mour », selon la belle parole du prophète Mi-
chée (VI, 8). Dans sa plénitude, l'idée morale
exige que la collectivité en tant que telle soit
parfaite, il faut qu'il y ait union dans les aspirations et dans les efforts vers le bien. Quel
spectacle que tous les hommes unis dans la

(1) Cf. *Nombres*, XV, 22-26.

concorde! alors « ils sentent la présence de
Dieu » (*Tanhouma niçabim*). « Les hommes ne
doivent former qu'une seule âme à l'exemple
de Dieu qui est unique » (*Ber. r.*, 98). On sait
avec quel lyrisme les prophètes annoncent « les
cieux nouveaux et la terre nouvelle », l'ère bé-
nie où il n'y aura plus ni misère ni souffrance,
où fleurira la paix et la fraternité entre individus et entre peuples.

« Nous ne remettons plus la justice, dit M.
Séailles, nous voulons qu'elle se réalise ici-bas
dans les rapports des hommes, par notre effort » (p. 62). « L'idée de progrès est désor-
mais l'un des éléments de notre conscience et
de notre foi morale » (p. 60).

Quiconque a parcouru nos prophètes sait leur
effort pour hâter l'avènement de la justice dans
ce monde (1) et sait le rôle de l'idée messia-

_____

(1) « La Grèce n'eut, dans le cercle de son activité intellectuelle et morale, qu'une seule lacune; mais cette
lacune fut considérable. Elle méprisa les humbles et
n'éprouva pas le besoin d'un Dieu juste. Ses philosophes, en rêvant l'immortalité de l'âme, furent tolérants
pour les iniquités de ce monde. Ses religions restèrent
de charmants enfantillages municipaux; l'idée d'une
religion universelle ne lui vint jamais. L'ardent génie
d'une petite tribu établie dans un coin perdu de la
Syrie sembla fait pour suppléer à ce défaut de l'esprit

nique, c'est-à-dire de l'idée de progrès, au sein de la conscience juive. Je ne saurais mieux faire que de citer une belle page de Darmesteter dans *Les Prophètes d'Israël* (pp. XV et XVI) : « Ils (les prophètes) ont aimé tout ce que nous aimons et rien de leur idéal n'a coûté ni à la raison ni à la conscience. Ils ont installé dans le ciel un dieu qui ne veut ni autels, ni holocaustes, ni cantiques, « mais que le droit jaillisse comme de l'eau et la justice comme une intarissable rivière ». Ils ont fait du droit une force, de l'idée un fait devant lequel tout fait se trouble; à force de croire à la justice, ils l'ont mise en marche dans l'histoire. Ils ont eu un cri de pitié pour tous les malheureux, de vengeance pour tous les oppresseurs, de paix et d'alliance pour tous les peuples. Ils n'ont point dit à l'homme : Ce monde ne vaut. Ils lui ont dit : Le monde est bon; et toi aussi,

hellénique. Israël ne prit jamais son parti de voir le monde si mal gouverné, sous le gouvernement d'un Dieu censé juste. Ses sages avaient des accès de colère devant tous les abus dont fourmille le monde... Ils sont fanatiques de justice sociale et proclament hautement que si le monde n'est pas juste ou susceptible de le devenir, il vaut mieux qu'il soit détruit ». Renan, *Hist. du peuple d'Israël*, préface.

sois bon, sois juste, sois pur. Ils ont dit au
riche : tu ne retiendras pas le salaire de l'ou-
vrier; au juge : tu frapperas sans humilier; au
sage : tu es responsable pour l'âme du peuple;
et ils en ont instruit plus d'un à vivre et
mourir pour le droit sans espérance des Champs-
Elysées. Ils ont appris aux peuples que sans
l'idéal « l'avenir pend devant eux comme un
haillon »; que l'idéal seul fait vivre, et que
l'idéal, ce n'est point la gloire du conquérant,
ni la richesse, ni la puissance, mais de dresser,
comme une lumière au milieu des nations,
l'exemple de lois meilleures et d'une âme plus
haute. Enfin ils ont jeté sur l'avenir, par-dessus les orages du présent, l'arc de paix d'une
immense espérance : une vision radieuse d'une
humanité meilleure, plus affranchie du mal et
de la mort, qui ne connaîtra plus ni guerre
ni juges iniques; où la science divine emplira
la terre comme les eaux couvrent le fond de
l'Océan et où les mères n'enfanteront plus pour
une mort soudaine. — Rêves de voyants, aujourd'hui rêves de savants. » Il me semble que
jamais conscience, ancienne pas plus que moderne, n'a formulé plus beau programme et
en des termes d'une rectitude plus décidée,

d'une humanité plus chaude, d'une envolée plus sublime.

Ainsi solidarité, action sociale, justice, progrès (1), fraternité, le judaïsme, depuis longtemps, a affirmé ces affirmations de la conscience moderne. Mais à cela il ajoute une idée qu'une morale purement positiviste — si tant est qu'il puisse y avoir une morale indépendante de toute conception métaphysique (2) — ne connaît point, à savoir l'idée de sainteté. C'est dans cette idée que culmine la morale juive, c'est en elle qu'elle prend l'élan, l'enthousiasme, sans quoi une morale a toujours

(1) « En Israël, la religion ne fut pas ce qu'elle fut si souvent ailleurs, la consécration définitive de tout ce qu'on avait établi à un moment donné, une barrière contre tout progrès ultérieur. Un israélite distingué a remarqué que les prophètes ont joué dans l'Etat juif le rôle que remplit dans les Etats modernes la liberté de la presse. Cette comparaison donne une idée juste, sinon adéquate, de la part qu'a eue cet élément de la vie nationale dans l'histoire d'Israël et dans celle du monde. Il ne pouvait pas exister de conditions plus favorables aux progrès. Aussi bien les Juifs, au lieu de devenir une nation stationnaire, comme les autres nations asiatiques, ont-ils été avec les Grecs le peuple le plus moderne », Stuart Mill, *Representative government*, pp. 41 42.

(2) « Considérer la morale comme indépendante de toute métaphysique, a-t-on dit, c'est considérer la pratique comme indépendante de toute théorie ».

quelque chose de trop terre à terre, de trop
temporel, a la vue bornée et le souffle court.
Poursuivre la pleine santé morale individuelle
et l'organisation sociale harmonieuse, c'est très
bien; mais cela ne nous élève point, en définitive, au-dessus de l'horizon humain. Il y a
mieux, il y a l'effort pour se hausser jusqu'au
point de vue cosmique, de l'ordre universel,
de l'éternel, il y a l'effort pour s'identifier à
Dieu, ce Dieu n'étant pas conçu comme une
vague entité, abstraction d'un faux et mort
intellectualisme, mais comme la volonté profondément vivante, l'esprit inlassablement agis-
sant, conscience des consciences, pensée des
pensées, se ressaisissant continuellement sous
d'innombrables modalités en de nouvelles syn-
thèses, se voulant dans de neuves expressions
de vie et de beauté.

Dans le saint, le moral et le religieux se pénètrent. Comme le dit fort bien M. Séailles, « la
conscience morale ne s'achève qu'en devenant
la conscience religieuse... La vie morale for-
tifie la foi qu'elle implique : au terme, nous
dit Spinoza, l'homme éprouve qu'il est éternel,
que par la raison, par la liberté, son être se
fonde dans l'Être véritable, s'édifie en Dieu;

agir moralement, c'est alors vouloir avec Dieu, c'est l'aimer, par là, c'est de plus en plus, en descendant en soi-même, s'unir à lui, sentir comme sa présence réelle » (p. 148). Par cette communion avec le principe suprême, le moral s'éclaire d'une lumière plus pure et s'anime d'une chaleur plus intense, et la perfection se consomme.

Pour qu'il y ait sainteté, il ne suffit pas de produire, par-ci, par-là, une bonne action, il faut que la pensée et le sentiment soient tellement pénétrés de moralité que tous nos actes, et jusqu'aux moindres, soient accomplis en vue de l'Idée. C'est ce que réclame notre plus importante prière, le Schema : « Tu aimeras l'Eternel ton Dieu de tout ton cœur, de toute ton âme, de toutes tes puissances » (Dt., VI, 5). L'être tout entier doit porter et contribuer à réaliser l'idée du bien (1). C'est la conception de Fichte, disant : « La religion n'est pas une occupation se suffisant à elle-même, un office qu'on puisse remplir à certains jours, à certaines heures, en dehors de ses autres occupa-

.

(1) Cf. Maïmonide, *Guide*, III, ch. 52 ; Cf. *Tour Orah Hayim*, au commencement.

tions. La religion est l'esprit intime qui pénètre et vivifie toutes nos pensées, toutes nos actions, sans en interrompre ni changer le cours naturel. » Alors l'harmonie s'établit entre nos tendances et nos devoirs. Nous assignons à chaque idée la valeur, la place et le rôle qui lui revient dans l'ensemble; chacune, pour sa part et à son rang, elles concourent au même objet, et elles y concourent naturellement, en vertu de l'organisation devenue parfaite de la vie intérieure, et elles y concourent avec joie, parce qu'exercice aisé et spontané d'une nature devenue essentiellement morale.

Cette union intime du religieux et du moral est marquée par l'expression de *Qiddousch ha-Schêm*, « sanctification du nom divin » (cf. *Lév.*, XXII, 32; *Ezéch.*, XX, 41). Conception aussi belle que hardie, puisqu'elle signifie que l'homme peut ajouter à la gloire de Dieu, bien plus, qu'il peut en quelque sorte ajouter à l'existence de Dieu, attendu que réaliser le bien, c'est rendre Dieu plus sensible et plus réel à l'esprit et au cœur. « Le Dieu saint est sanctifié par la justice », dit Isaïe (IV, 16). Les docteurs ajoutent : « Dieu dit : Lorsque vous

vous sanctifiez vous-même, c'est comme si vous me sanctifiiez moi » (*Sifra quedoschim*).

L'objet suprême de nos poursuites, le terme idéal auquel tend la dialectique du judaïsme, c'est donc en définitive la communion de tous les esprits dans l'Esprit, c'est l'identification du monde avec l'ordre divin, identification qui s'opère lorsque l'esprit, dépassant sa limitation, s'achève dans l'amour, ne fait plus qu'un avec l'amour. Cette communion de tous, c'est la transformation de la cité terrestre en cité morale, c'est l'avènement du règne messianique, c'est le « royaume des cieux », *malkouth schamayin.*

En résumé, le judaïsme, tel que nous juifs français du XX° siècle nous le concevons, non seulement ne contrarie aucune des exigences légitimes de la conscience moderne, mais y répond de la manière la plus satisfaisante. Cette concordance est naturelle, elle est nécessaire, s'il est vrai que le judaïsme comme l'esprit moderne a pour inspiratrices et pour guides la plus saine raison et la plus haute conscience. Religion sans mystères, sans dogme révélé,

sans théologie officielle, sans prêtres (1), enne-
mie de toutes superstitions, assoiffée de connaissance claire, n'admettant d'autre critère de la
vérité que la lumière propre de la vérité (2).
le judaïsme applaudit à l'effort scientifique et
en accepte pleinement les résultats avérés ; donc
religion de libre examen et de spéculation libre,

(1) Le rabbin n'est pas un prêtre, mais un docteur, un
maître, comme son nom l'indique, il est le successeur
du prophète, et non du cohen. Celui-ci, d'ailleurs, ne
fut jamais qu'un fonctionnaire du culte, il n'était ni juge
ni législateur ni directeur des consciences. La loi mosaïque prit de sévères dispositions pour empêcher la
domination cléricale. La constitution israélite était, suivant l'expression de Joseph Salvador, une « nomocratie
c'est-à-dire le gouvernement de la loi, laquelle loi con-
sacrait à chaque mot le droit du peuple, sa légitimité,
sa sainteté, laquelle confiait son développement aux
hommes sortis du giron national, qui répondaient le
mieux à ces trois conditions : les plus intelligents, les
plus prudents, les plus riches en bonne renommée »,
Hist. des institutions de Moïse, II, 542. Cf. Renouvier,
Science de la Morale, II, 487 : « Quand on cite la Judée,
on doit savoir que le prophétisme, c'est-à-dire l'autonomie religieuse, quelque chose non seulement de dif-
férent de la théocratie, mais de diamétralement contraire, fut le véritable auteur de l'idée monothéiste et
du sentiment de fraternité populaire, la caractéristique
d'Israël, l'initiateur unique de son histoire et le sujet de
son Livre ».
(2) Cf. *Ps.*, XXXVI, 10 : « Par ta lumière nous voyons
la lumière ».

recommandant sans doute plus particulièrement telles ou telles croyances, mais ne les
imposant point dictatorialement; les proposant
à l'adhésion consentie de l'effort personnel,
donc aussi religion d'initiative et de responsabilité individuelles, religion matrice de caractères. Religion essentiellement morale, prêchant
le bien pour la beauté de l'idée, sans élément de
crainte ni de calcul, n'encourageant point la
piété oisive, contemplative, ascétique, pour-
suivant l'intime fusion de l'individuel et du
social, s'appliquant à la réalisation des idées
de justice et de paix universelle. Religion in-
définiment perfectible, puisqu'elle reçoit les ac-
quisitions progressivement accumulées des penseurs et des savants, puisqu'elle laisse à la
raison le dernier mot et donc admet la critique
de ses traditions et de ses institutions, et, par
voie de conséquence, doit consentir à se dé-
pouiller des pratiques périmées et à revêtir de
nouvelles formes adaptées aux conditions nouvelles.

Donc en dernière analyse, le judaïsme n'est
pas *une* religion parmi tant d'autres, mais *la*
religion, puisque non seulement il ne fait vio-
lence à aucun des besoins légitimement natu-

rels, affectifs, rationnels, moraux et sociaux
de l'être humain, mais en favorise l'épanouis-
sement dans le sens d'une vivante et toujours
grandissante eurythmie, dont il surélève la dignité en l'accordant avec l'harmonie cosmique,
en accroissant l'être de Dieu de tout le bien
réalisé par la libre volonté de l'homme.

Conclusion

Conclusion

***

« Je mettrai un nouvel esprit au
dedans de vous ; j'enlèverai de
votre poitrine ce cœur de pierre
et j'y mettrai un cœur de chair »
(*Ezéchiel*, xxxvi, 26).

Nous avons essayé de montrer :

1° Qu'une certaine forme de religion est parfaitement compatible avec les affirmations de
la pensée moderne, de l'aveu même des philosophes le plus décidément attachés à la méthode
expérimentale ;

2° Que la religion conserve sa valeur propre
éminente, en ce qu'elle répond à des besoins
profonds et indestructibles de l'esprit et du
cœur humains ;

3° Que le judaïsme, en ne proposant aucune
croyance que l'intelligence la plus libre ne
puisse accepter, en faisant porter tout l'effort
vers le plus haut développement de l' « humanité » à la fois individuelle, sociale et cosmique,

satisfait aux exigences les plus sévères de la
science et de la conscience contemporaines.

Dès lors, le judaïsme peut et doit devenir la
religion du XXᵉ siècle. Il lui suffira de se dé-
pouiller de celles d'entre les pratiques, institutions et coutumes, qui ont eu leur raison d'être
en d'autres temps et sous d'autres latitudes,
mais qui, aujourd'hui, sont fossilisées, et, par-
tant, sont une encombre et une entrave (1). Le
judaïsme ainsi débarrassé de tout ce qui est
poids mort présentera les caractères néces-
saires à toute religion en général et à la religion

(1) Il n'est pas question de supprimer toute espèce de
pratique. Nous ne sommes pas des esprits purs, nous
avons une imagination, un cœur, des sens, qui sont
perpétuellement en jeu et jusque dans les plus hautes
opérations spéculatives. Il n'y a pas une idée qui ne
soit associée à une image et à une émotion. Ainsi se
trouvent et seront toujours justifiés culte et cérémonies.
Toutefois, les pratiques ne sont que secondaires, parce
qu'elles ne sont que des *moyens* en vue d'une fin, qui
est le développement spirituel et moral. Les pratiques
empruntent donc toute leur valeur à ce qu'elles ont de
vertu éducative. Le jour où elles perdent cette vertu,
et à plus forte raison, lorsqu'elles se tournent en entrave, le bon sens comme aussi l'amour de la religion
commandent de les abandonner. Mais il faut maintenir
les rites, usages et institutions, qui conservent leur
raison d'être. Comme l'a dit Pascal, il faut que la religion soit mêlée d'intérieur et d'extérieur.

moderne en particulier : il sera une religion munie de tous les organes essentiels, positive et historique, en même temps qu'une religion rationnelle et laïque.

« L'ère moyenne, dit Joseph Salvador (1), est donc achevée, l'ère nouvelle commence. Elle commence par une destruction, mais qui doit aboutir à une reconstruction ; il faut que l'humanité trouve enfin la formule définitive au sein de laquelle elle reposera et se développera suivant les libres aspirations de sa nature. Cette formule a déjà été donnée, mais enveloppée de formules propres au peuple qui l'a trouvée, et l'œuvre de l'ère nouvelle sera de la dégager, de la rajeunir en langue moderne... Quelle qu'ait pu être l'action des Juifs dispersés, visible ou latente, dans ce relèvement de la conscience du droit, que la prédication des philosophes (2) ait été un travail indépendant, original, ou qu'il se rattache, par l'influence même du christianisme, à la prédication des prophètes, le *credo* du monde nouveau n'en est pas moins le *credo* du vieux monde biblique,

(1) *Paris, Rome et Jérusalem.*
(2) Il s'agit des philosophes français du xviii⁰ siècle.

porté au monde entier et devenu formule catholique » (1).

De son côté, Darmesteter écrit : « Il y a dix-neuf siècles, le plus noble esprit de Rome, devant l'abjection de ses dieux et de ses prêtres, jetait le cri de l'intelligence indignée : « Et la piété n'est point de se montrer sans cesse, le front voilé, devant une pierre et d'approcher tous les autels, ni de se prosterner à terre, et de tendre ses mains ouvertes vers les sanctuaires et d'inonder les autels du sang des quadrupèdes, mais de contempler l'univers d'une âme sereine ». Et huit siècle avant Lucrèce, le dieu du berger Amos s'écrie : « Je hais vos fêtes, vos holocaustes me font mal; vos offrandes de veaux gras, j'en détourne les yeux; loin de moi le bruit de vos cantiques, je ne veux pas entendre le son de vos lyres. Mais que le droit jaillisse comme de l'eau, et la justice comme une rivière intarissable! » La religion du XX° siècle est dans ces deux cris : elle naîtra de la fusion du prophétisme et de la science »(2).

A ces penseurs juifs, des savants non-israé-

---

(1) C'est-à-dire universelle.
(2) *Les prophètes d'Israël*, p. 119 et 120.

lites font écho. « Le judaïsme, dit Renan (1), qui a tant servi dans le passé, servira encore dans l'avenir. Il servira la vraie cause, la cause du libéralisme, de l'esprit moderne... Les créateurs du dogme libéral en religion ce sont, je le répète, vos anciens prophètes, Isaïe, les Sibyllins, l'école juive d'Alexandrie, les premiers chrétiens, continuateurs des prophètes. Voilà les véritables fondateurs de l'esprit de justice dans le monde. En servant l'esprit moderne, le juif ne fait, en réalité, que servir l'œuvre à laquelle il a contribué plus que personne dans le passé et, ajoutons-le, pour laquelle il a tant souffert. La religion pure, en un mot, que nous entrevoyons comme pouvant relier l'humanité entière, sera la réalisation de la religion d'Isaïe, la religion juive idéale, dégagée des scories qui ont pu y être mêlées ».

Enfin, dans une interview publiée dans le *Temps* de 1900, Léon Marillier disait : « Je me demande si nous ne verrons pas bientôt la création inconsciente et lente d'une sorte de religion laïque, ni catholique ni protestante, dont le noyau consisterait en une cristallisa-

---

(1) *Identité originelle et séparation graduelle du judaïsme et du christianisme*, conférence du 26 mai 1883.

tion d'idées juives. Le juif a cette opinion cu-
rieuse que, tout au contraire de la parole évan-
gélique, le royaume de Dieu est de ce monde (1).
Servir le divin, c'est réaliser la justice ici-bas.
Et le meilleur moyen d'y parvenir, c'est de se
rendre compte du milieu où l'on vit. La justice
par la science et par le culte de l'humanité,
voilà l'essence des conceptions juives libérales.
(Et M. Marillier cite la page de Darmesteter
que nous donnons plus haut.) Ce positivisme
prophétique jouera probablement demain un
rôle considérable. Du judaïsme ancien naqui-
rent déjà le christianisme, puis l'islamisme ;
nous verrons probablement apparaître un nouveau rameau verdoyant et vigoureux. Tout le
judaïsme libéral tend maintenant où je vous
dis. Toutes les autres religions conservent un
résidu dogmatique : le judaïsme n'est plus que
l'affirmation du divin et de la justice ».

Israël qui jadis a niché parmi les aigles
semble avoir désappris les routes du ciel. Il serait temps qu'il sortît d'un sommeil qui, s'il

(1) Ce qui ne signifie pas qu'il est *uniquement* de ce
monde ; ce que nous soutenons c'est qu'il est *déjà* de
ce monde.

devait se prolonger, s'achèverait dans la mort. Il serait temps qu'agité à nouveau du frémissement prophétique il secouât de ses ailes la poussière des siècles, et que, reprenant son essor vers les espaces de pure clarté, il rapportât aux hommes le message de lumière et de salut. Alors la voix annonciatrice de bonne nouvelle retentirait de colline en colline et ce serait partout l'hymne d'allégresse de la pacification dans les esprits et dans les cœurs.

Alors on pourrait chanter avec le psalmiste : « L'amour et la vérité se sont rencontrés, la justice et la paix se sont donné l'accolade » (*Ps.*, LXXXV, 11). Et une fois de plus se vérifierait la parole d'Isaïe, II, 3 : « C'est de Sion que vient l'enseignement, et de Jérusalem le verbe de l'Éternel ».

Alors Rachel qui se lamente à Rama sur ses enfants, parce qu'ils ne sont plus, sécherait ses larmes et serait consolée.

Essai de déduction méthodique des Principes fondamentaux du Judaïsme

Essai de déduction méthodique des Principes fondamentaux du Judaïsme

La *Science* et la *Morale* ne suffisent pas à remplir toute la capacité de l'âme humaine : elles n'apaisent pas la soif logique de la raison, elles ne calment pas les inquiétudes de la conscience, elles ne satisfont pas intégralement les aspirations du cœur.

La *Science* s'enferme dans le phénoménal et dans des rapports entre phénomènes. Elle ne nous dit rien sur les principes et les fins de l'ordre universel. Or, ces questions s'imposent à nous et veulent une réponse : dans les grandes alternatives de l'existence, aux heures tragiques, notre attitude variera avec notre solution du problème.

La *Morale* a besoin d'un fondement intelligible, elle est suspendue à une conception générale du monde. Pour passer, par exemple, de la solidarité-fait à la solidarité-devoir, il faut un principe supérieur, un principe de générosité et de sacrifice, que la physique des mœurs, qui se borne à la constatation de faits et de relations, ne saurait fournir.

Le supplément de lumière que demande notre intelligence, le complément de chaleur que réclame notre cœur, la *Religion* essaie de nous les procurer.

La Religion est l'effort de l'être humain pour saisir, dans la mesure de ses moyens, l'essence absolue et l'ordonnance totale des choses et pour accorder son action avec cette réalité et cet ordre universels.

L'essence absolue, je ne puis l'atteindre que par la connaissance de l'être qui m'est la plus immédiate, par la connaissance de ma propre essence. Or, mon essence propre c'est l'*Esprit* qui est à la fois pensée, vouloir et amour.

Le semblable ne pouvant être engendré que par le semblable et le plus ne pouvant sortir du moins, l'Esprit ne peut venir que de l'Esprit. Donc éternellement il y a eu de l'Esprit. Car, supposé qu'à un moment donné l'Esprit n'eût pas existé, jamais il n'aurait existé. L'Esprit éternel qui informe toutes choses, c'est ce que nous appelons Dieu.

*Donc, nous admettons un principe éternelle-
ment vivant d'ordre, de beauté et d'amour.*

En tant que je suis moi-même Esprit, je suis
éternel. Seule la forme particulière de l'Esprit
que je représente est éphémère. La mort n'est
que le passage d'une modalité. Comme rien ne
se perd, pas plus dans l'ordre moral que dans
l'ordre physique, les efforts accomplis entrent
dans la nature vivante de l'âme et contribuent
par là-même à déterminer la configuration de
ses destinées futures.

*Donc, éminente dignité de la personne hu-
maine, sanction immanente et destinées ultra-
terrestres.*

L'Esprit est activité éternellement productrice. Etant activité libre, il se manifeste sous
les créations infiniment variées. C'est dans les
grands génies qu'il s'affirme avec le plus d'in-
tensité et d'éclat. Il s'est révélé profondément
et sous une forme particulière chez les prophètes hébreux.

*D'où la valeur propre de la Bible, et l'ori-
ginalité et la vocation d'Israël.*

Par sa double nature physique et spirituelle,
l'homme tient à la fois de Dieu et de la nature;
il est le point de jonction du divin et du sen-

sible. A chacun de nous donc est dévolu un rôle
d'ennoblissement, d'éducation universelle, s'il
est vrai qu'éducation c'est élévation du plus
bas vers le plus haut, spiritualisation graduelle.
A nous il appartient de pénétrer de plus en
plus la force obscure qui s'agite en nous-même
et chez les autres de pensée, de liberté et d'a-
mour, à nous il appartient d'amener progressivement l'identification de l'ordre du monde
avec l'ordre divin, de promouvoir la cité terrestre à la dignité de royaume des cieux.

*De là l'idée d'optimisme moral ou messia-
nisme, avec, pour terme idéal, la justice et la
fraternité universelles.*

L'Esprit, en se développant au sein du
monde, se soumet aux conditions du temps, de
l'espace et de l'individualisation. C'est dire
qu'il reçoit l'empreinte des époques, des mi-
lieux et des mentalités. La forme dont il s'enveloppe est donc relative, elle doit se modifier
avec les conditions nouvelles et à mesure que
l'Esprit prend une conscience plus claire de
lui-même. Dès lors, d'un côté, il faut des formules, symboles et institutions où l'Esprit s'in-
carne et par où nous l'exprimons pour mieux
communiquer avec lui et avec les autres hom-

mes; d'un autre côté, ces formules, symboles et institutions ne sont que des moyens d'expression qui doivent être révisés et rénovés lorsqu'ils sont reconnus périmés ou inadaptés.

D'où et la nécessité d'un culte et la nécessité de mettre continuellement ce culte en harmonie avec les aspirations et les besoins en voie d'évolution.

FIN

TABLE DES MATIÈRES

Poitiers. — Imprimerie M. Bousrez.

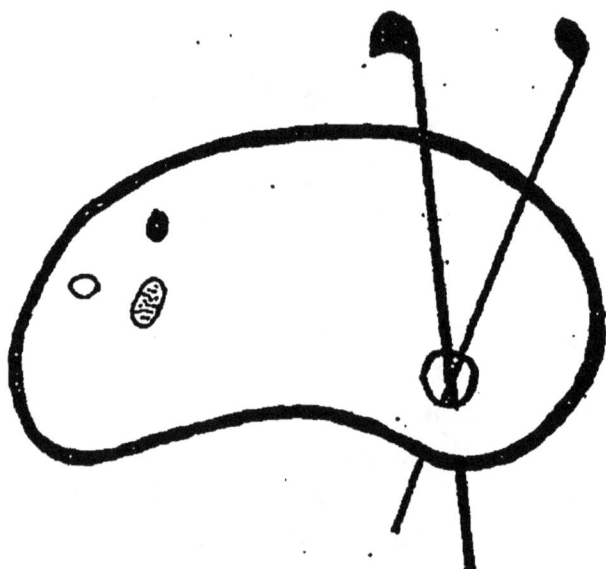

ORIGINAL EN COULEUR
NF Z 43-120-8

www.ingramcontent.com/pod-product-compliance
Lightning Source LLC
Chambersburg PA
CBHW060616100426
42744CB00008B/1419